革命文獻與民國時期文獻
保護計劃

成果

革命文献与民国时期文献保护计划成果

民国时期重庆电力股份有限公司档案汇编

第4辑

重庆市档案馆◎编

唐润明◎主编

學苑出版社

目录

二、会议纪录（续）

目录

目录

二、会议纪录（续）

重庆电力股份有限公司临时董事会议纪录（一九四六年七月九日） 0219-2-156

F10066/1

99

重慶電力公司臨時董事會議紀錄

時間 三十五年七月九日下午三時

地點 本公司會議廳

出席 浦心雅 徐陶代 段育華 甯芷邨

周季悔 程本臧 劉航琛

胡仲實 周見三 傅友周

康心如 見三代 趙雨圃 胡毅五

徐廣遲 劉敷五代 潘昌猷 侍代

列席 吳總工程師 錫瀛

劉副科長 伊凡

997

主席 甯芷邨

纪錄 張君鼎

報告事項

一、報告五月份會計月報案

決議 查閱表報無訛存查

二、增收電費保證金案

查本公司現行用電保證金辦法所收數字過低不足以保障電費收入業經呈奉經濟部核准改定方法以用戶最近四個月內最高一個月用電度數為標準收取二個月電費

之保證金以後每四個月調整一次新接電用户電灯每安培暫收七千元電力每馬力暫收三萬元二個月後照上列標準調整之如是不但對於應收電費有相當保障且可收十倍以上之保證金裨益周轉匯兌現各項手續已準備就緒定于本月十五日開始收取謹報請備查

決議　准予備查

討論事項

十、職工要求除去糧食類計算指數案

110-1

本公司職工一般津貼係照指數逐月調整，指數原係照市政府零售物價指數除米計算，其現職工以市府指數表中糧食一類除米之外尚有其他糧食多種，而職工食糧均以米為主，其他糧食似非生活之必需品，要求除去糧食類計算指數似為合理，指數約增二百倍，可否准予照辦，請

公決。

決議：照准

六、調整職工辦公費交通費及出勤津貼案

本公司职员办公费交通费及出勤津贴等项经三十三年一月十七日第六十二次董事会议决议每六个月依据指物价指数调整一次上次调整系照去年十二月指数为二〇〇·二〇〇现已届满半年指数为三四〇·四一五增高一四〇·二一五应增加百分之七十自六月份起实行是否仍照调整请公决

附办公费交通费及出勤津贴表

一、办公费

职别	原支数	拟改数	附注

1117

総經理	三八、〇〇〇	六四、六〇〇
協理、總工程師	二三、〇〇〇	三九、一〇〇
科長、稽核、秘書	一八、〇〇〇	三〇、六〇〇
副科長主任	一四、五〇〇	二四、六五〇
正副股長 正副工程師	一〇、五〇〇	一七、八五〇

二、交通費

職別	原支額	擬改額	附註
総工程師	二一、〇〇〇	三五、七〇〇	
科長、稽核、秘書	一九、五〇〇	三三、一五〇	
副科長主任	一八、〇〇〇	三〇、六〇〇	

津贴种类	原支数	拟改数	附注
正副股长工程师	一四，五〇〇	二四，六五〇	
三、各种出勤津贴			
甲种出勤津贴膳费	八，六〇〇	一四，六二〇	
车费	九，四〇〇	一五，九八〇	
乙种出勤津贴膳费	八，六〇〇	一四，六二〇	
车费	四，七〇〇	七，九九〇	
丙种出勤津贴膳费	六，一五〇	一〇，四五五	
车费	四，七〇〇	七，九九〇	
临时出勤津贴			

112-1

股长以上	六六〇	一一二二
科员技工	五三〇	九〇一
邦布工	四一〇	六九七
小工	二九〇	四九三
厂房值班车站		
工务员技工	四一〇	六九七
邦布工	二〇五	三四九
小工	一三七	二三三
值日车站	五三〇	九〇一

决议照准

113

三、請財政部由四聯總處貸款三十四億元購置新機件

本公司原有發電供電設備經九年來不斷使用且迭遭轟炸均已損壞不堪壽命將盡據外廠估價重置原有之一萬六千五百瓩發電設備約需美金一百一十萬元重置原有供電用電設備之一半約需美金六十萬元共合國幣三十四億三千四百萬元建築安裝等費尚不在內而所提折舊準備迄今只一千六百餘萬元合美金八千餘元不敷重置甚遠曾具呈市府經濟部請求政府全數補助

113

並不能補助則令由國家銀行低利照貸以附
加電費分期償還本息本公司每月售電度數
約為四百萬度每度附加七十元十七個月即可
清償現據經濟部通知貸款業經行政院
核准由四聯總處照貸現正向總分處洽辦手
續附加案尚未奉批應派員赴京催促辦
理敬請
討論

決議　派主任秘書劉正華赴京催辦

主席　甯

F10066/1

77

重慶電力公司第九十六次董事會議紀錄

時間 三十五年八月十六日下午三時

地點 本公司會議廳

出席 浦心雅 陳子熙代 彭炳文 經代

趙雨圃 夢白代 康心如 周見三代

周見三 劉敬五 夢白代

甯芷邨 周季悔 甯代

程本臧 胡仲實

鄧育華 張發文電字第1498號

列席 黃科英 大庸

中華民國卅五年八月廿六日發出

臧

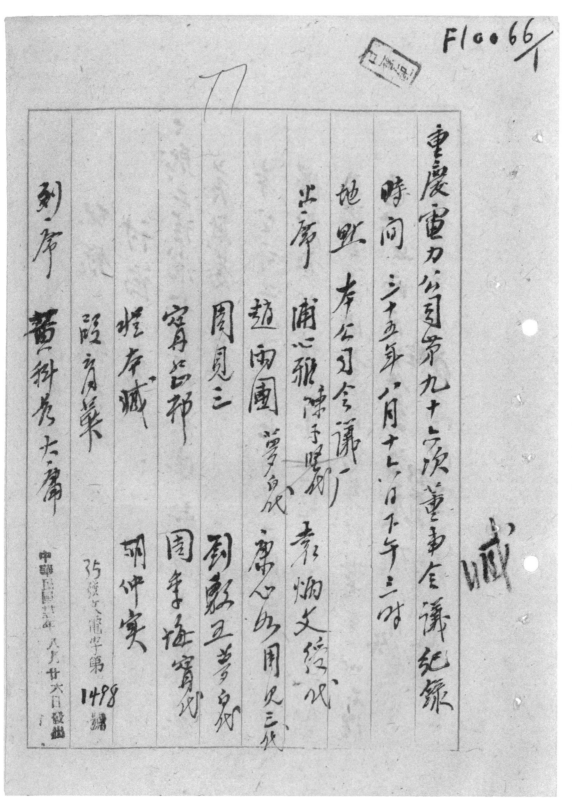

777

主席　周見三

紀錄　張君鵬

討論事項

一、職工請求八月份薪津暫照六月份實際數發給案

本公司二次請求七月份工津照六月份實得數目發給一案，經七月二十二日第九十五次會議決定預借年終獎金以不超過六、七兩月之差額為度，現八月份實發薪津仍不即[illegible]需款甚亟

工務七月份暫[illegible]商但[illegible]六月份[illegible]

仰達、楊晝股工代表陳鐵夫等簽請八月份薪工暨四六月份津貼實發數字發給應如何辦理請議

討論：照議決

決議：仍請東蘇理接權代經理必要時可預借年終獎金以不超過六八兩月薪額為度

主席　周□□

重庆电力股份有限公司第九十七次董事会会议纪录（一九四六年九月二十日） 0219-2-156

重慶電力公司第九十七次董事會會議紀錄

日期　三十五年九月二十日下午三時

地址　本公司會議廳

出席　徐以廣邊　劉敦五　程本臧
　　　袁炳文　孫金後代　胡仲實
　　　浦心祉　陳子堅代　周見三

主席　周季梅

紀錄　張君彭

報告事項

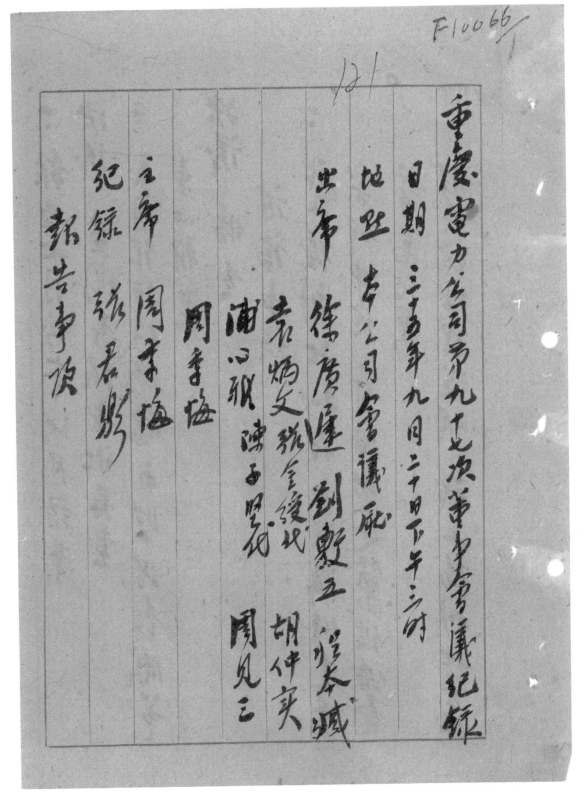

121

一、報告七月份會計月報案
決議：查閱表報無訛存查
二、交通銀行改派陳西堅代表補董
事，以報案
決議：備查
討論事項
一、職工福利社擬在大溪溝修建供
銷部，申請公司補助建築設備費
二千萬元案
據代總經理說明：職工福利社曾經

賸存美金公債息方二万五千餘元因
市價經久未動損失于金經委員會
決議商請公司收購不料交劉甫二日
外匯牌價由二〇二〇改爲三三五〇該項損失
二千餘万元要求公司照新價結算未予
同意並請該校補助俱樂部建築設備
費二千万元以資彌補可否補助敬請
討論
決議　請劉代董事長研究後提付下次董
事會決定

122-1

二、冀北电力厂函请借用盛泽霖工程师案

经我总经理说明　本公司第三厂主任盛泽霖去年考取公费出洋赴美实习现留学期间依照公司董事会议决之奖助职员自费出国留学办法按月以出国时薪俸一月所支之薪津之七折支给其家庭并函议定回国后须在本公司继续服务五年否则应追还全部所支款项该员已于八月间返国迭经返我来回院冀北电厂总经理张家祉来函商借用一年并询

123

該員已赴北平任事既無意回公司工作似不必勉強挽留其去職追還貸款是否之處請核

討論

決議 函復張家祉說明公司須照規定向彼追還貸款

三、利用中央造紙廠併電案

提案說明 本市貓兒石中央造紙廠已全部停工所有一千瓩發電設備將棄置無用迭經公司向合集雙方之商討

該廠發電僅由公司轉供市用办法现本公
司電力仍感供不應求該廠發電設備自
應加以利用以補市電之不足應即上本公
司應予接受但目前白天及下半夜負荷
本公司自身發電力量可以勝任毋須購用
他廠餘電祗每晚六至十一時之间供求失
平須購電補充因該廠不能每天只發電
四五小時未獲協議該廠遂逕與天府電
化廠協商兩廠直接買賣每月付公司
營業損耗費五万元派員送來合約一紙

124

徵求本公司之同意此事不惟影響公司業務且侵害營業權自不能接受該廠復表示發電設備可以整批出讓或出租與公用局方面表示該廠之發電設備（無論出讓或出租）如何利用究應如何處理請核

討論

決議 仍堅持本公司購電權償無法但亦可考慮該廠所提讓售或租賃辦法

主席 周〇

周宇洪

重慶交通銀行要油印兩份

閱 十.廿五

F10066/1

油印請

九月廿日会议纪议稿在内

118

重慶電力公司臨時董事會議紀錄

時間 三十五年十月九日下午三時

地點 本公司會議廳

出席 浦心雅 徐陽代 甯芷邨

周季悔 任劍若 周見三

石體元 胡仲實 程本臧

康心如 傅友周

列席 吳總工程師錫瀛

黃協長 大庸

張科長 德脩

35 發文電字第1839號

中華民國卅五年拾月廿叁日發出

1184

主席 康心如

紀錄 張君鼎

報告事項

一、報告八月份會計月報案。

決議 查閱報告無訛存查

討論事項

一、職工請求調整待遇案

程代總經理說明 本公司職工代表曾

於本年九月七日提出調整待遇辦

法五項（一）增加給一般津貼基數為

119

分之百 （二）增給房貼基數百分之百

（三）增給薪工附加倍數百分之百 （四）一二三

項自七月份起實行 （五）前項要求在未

得具體解决之前請公司暫照各該

月份薪俸總數一倍借支 經劉董

事長核批了 改支基數不可能 已于四

月前向員工代表説明其原因為生活

指數高漲而指數表暨真正生活有

差額時前次董事會已定有辦法

應照原議辦理 此情況亦又還有出

119-1

于想像之外，昨准航運處高級職工代表復于本月八日書面請求自七月份起薪津照生活指數增加百分之八十，在此項要求未得具體解決前，該公司暫照各該月份薪津總數一倍借支。查近來物價雖見上漲，而因所用指數須遲到二月，職工本月所得薪資津貼尚係照八月計算，不無困難。本會前九十三次會議曾議決物價激變時之補救辦法〔即以物價指

120

按表上尖趟米一項為標準如漲跌
逾五百倍時得預借或預扣四月份當
借支一次當時米價為二千四百元指按
表上為一千三百元相差一千一百元超過
五百倍約差百分之八十該月准借支津
貼款之百分之八十借款來原福利基
金利息一千五百萬元在內現查其實
趟米市價連力資為三千元八月份指
按表上為一千八百三十三元已超過五百倍
約相差百分之六十五擬照預借支貼

120-1

董事會決議办法及劉代董事長批示

均相符合是否可行敬請

公決

決議：照办

主席 康〇〇

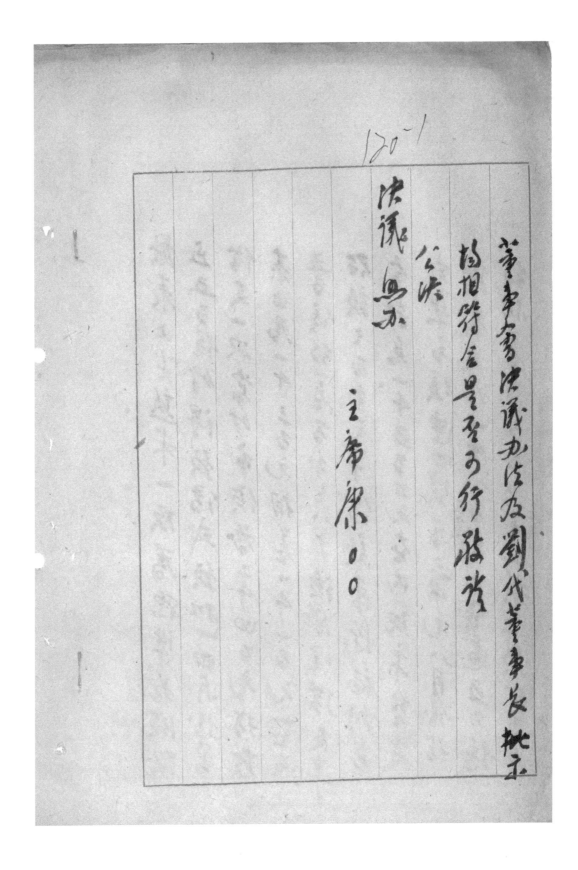

重庆电力股份有限公司第九十八次董事会议纪录（一九四六年十月二十一日） 0219-2-156

油印

重慶電力公司第九十八次董事會議紀錄

時間　三十五年十月二十一日下午三時

地址　本公司會議廳

出席　周見三　袁炳文　趙普垣代

趙尚國　劉敷五　石體元

徐廣遲　數琛　康心如　周見三代

程本臧　周季悔　傅友周

列席　吳總工程師錫瀛

主席　石體元

紀錄　張丹[illegible]

1254

討論事項

一、盛澤電廠請求追收欠款案

程總經理說明：華北電力公司借用前三廠主任盛澤電廠一案，程總經理本年九月二十日本會第九十七次會議討論並決議：函復張家祀說明公司須呈報官向盛追償欠款。茲接盛澤電廠來函請予原情免追，應否照辦理，提請討論。

重慶電力公司臨時董事會議紀錄

時間 三十五年十二月十一日下午二時

地點 本公司會議室

出席

列席 吳總工程師錫瀛

張科長儒脩

黃科長大庸

主席 寧芷邨

紀錄 董毓庚

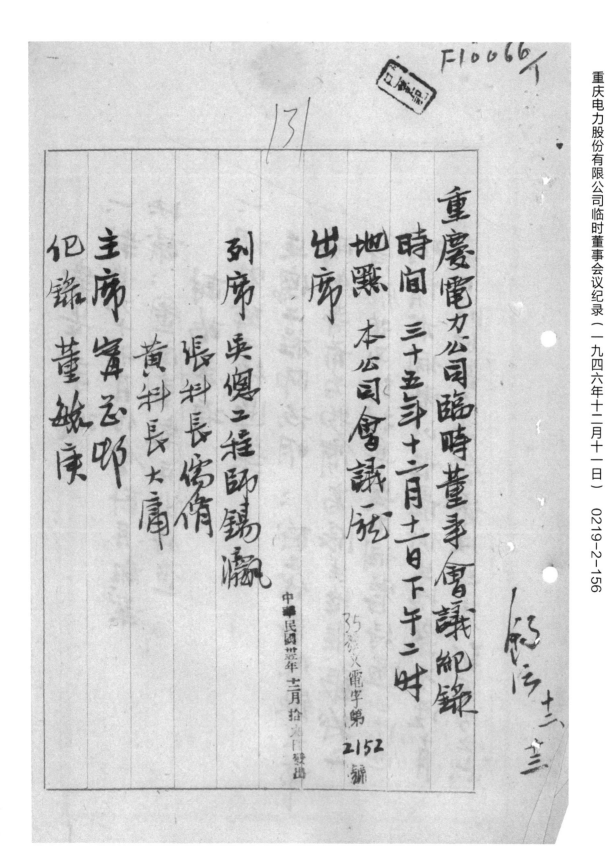

13/1

報告事項

一、報告九十卅月份會計月報案

決議：查閱表報無訛存查

討論事項

一、調整職工待遇案

吳德工程師說明：職工代表陳鉄夫章疇敏等前為物價高漲生活維艱職工等痛苦不堪擬具要求調整待遇辦法四項請求調整以維最低生活案經本月十九日臨时董事會議決照差額百分之六

十五個支在案現復據該工代表以卅月來物價又上漲甚多生活更趨艱窘請求調整待遇俾敝廠解决以維現狀俾便安心工作等由再由程代總經理簽函劉代董事長書面意見是否可行敬请

公决

决議：自三十五年十一月份起職工一般薪照原薪照來（薪仍按當月指數外再加薪二成加）廠二款加百分之六十一般薪照月支額加百分之四十米貼照原辦理 十二月份借支照扣

132-1

十月份以前經董事会通過之借支作為各該月職工生活調整費自經此次調整後即不得以任何理由再向公司請求借支

二、調整職工办公費交通費及出勤津貼案

吴總工程师說明：本公司職員办公費交通費及出勤住津貼等項經三十二年一月十七日第六十二次董事會議決每六個月依據物價指數調整一次上次調整係在本年六月指數為三四〇四一五現已届滿半年指數為四

133

八四八二二增高一四四四〇七至增加百分之四十二

自十二月份起調整實行是否仍照調整提請

公決

附办公费交通费及出勤津贴表

一、办公费

職別	原支額	擬改額	附註
總經理	六四、六〇〇元	九二、四〇〇元	
總工程師	三九、一〇〇	五六、〇〇〇	
科長 秘書 稽核	三〇、六〇〇	四三、八〇〇	
副科長 主任	二四、六五〇	三五、三〇〇	

134

車費	一五、九八〇	三、八〇〇
乙種出勤津貼膳費	一四、六二〇	二、〇〇〇
車費	七、九九〇	二、五〇〇
丙種出勤津貼膳費	一〇、四五五	一五、〇〇〇
臨時出勤津貼 車費	七、九九〇	二、五〇〇
股長以上	一、一二二之	一、六〇〇之
技工科員	九〇一	一、三〇〇
幫工	六九七	一、〇〇〇
小工	四九三	七〇〇
廠房值班津貼		

134

工務員技工	六九七	一·〇〇〇
幫工	三四九	五〇〇
小工	二三三	四〇〇
值日電班	九〇一	一·三〇〇

決議、照准

重慶電力公司第九十九次董事會紀錄

時間：卅五年十二月廿一日下午六時

地點：本公司會議室

出席：浦心雅（陳子堅代） 袁炳文（丁宗許代） 寗芷邨
周季悔（寗代） 劉敷五 徐廣遲（敷五代）
劉航琛 程本臧 伍劍若
石竹軒（劍若代）

列席：張科長儒僧

主席：寗芷邨

紀錄：閻伯雲

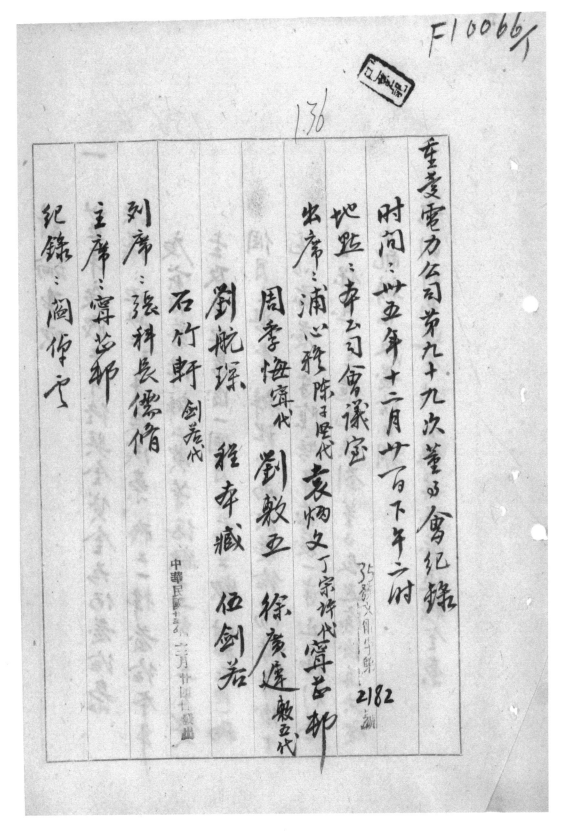

討論事項

一、卅五年度職工年終獎金貸金如何發給案

決議：照卅三年度成案，職工一律發給本年度薪津辦公費等總額十二分之二之貸金及第四季最後一個月之薪工額（附加在內）兩個月之獎金，辦理分兩次發給，陽曆年後十號以前發一半，陰曆年前發一半。至福利基金保息之三億元俟劉董事長返渝後再決定分配辦法及發給日期

一、宋劍料長逵全請長假請核發退職金案

137

決議：援吳堯斌余堯稷等請長假例照鄧壽規則第十二條標準之七折發給退職金

富岳郁

十二，廿三

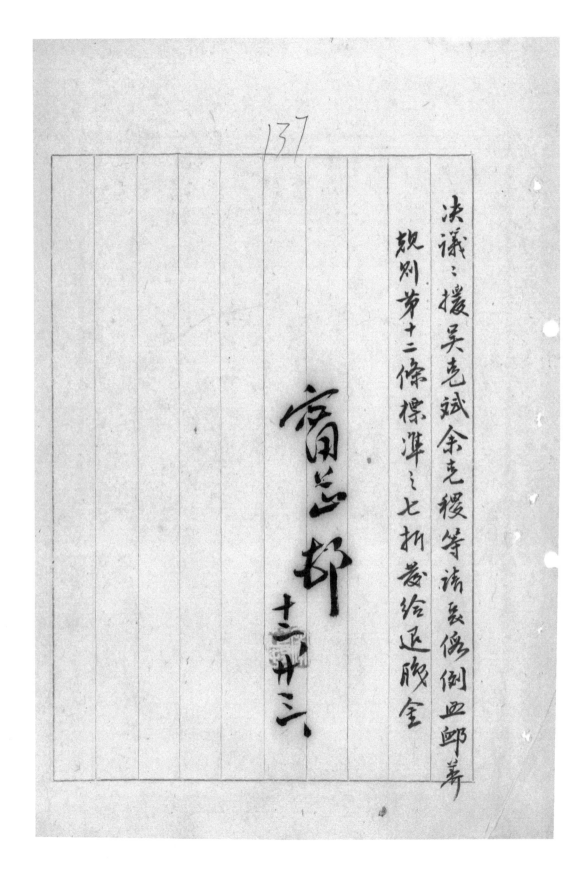

F10066

重慶電力公司第一〇四次董事會議紀錄

時間 三十七年元月二十日下午三時

地點 本公司會議廳

出席 徐廣遲、鮮英、劉敷五

趙雨圃、康心遠 張[illegible]一代

傅友周、潘昌猷 友周代

程本臧

列席 吳總工程師錫瀛

主席 劉敷五

紀錄 張君彬

重庆电力股份有限公司第一百零四次董事会议纪录（一九四八年一月二十日） 0219-2-193

报告事项

一、本公司自元月份起遵照全國經濟委員會決議電價計算公式收取電費案

說明 全國經濟委員會以值茲物價波動頻繁各種公用事業價格時需調整為求價格之調整合理必須有適當之公式為計算及審核之準則決定自本年元月份起實施新定計算公式本公司自本月份起照公式計算電費較以前所用煤價調整辦法稍為合理財務狀況或可改善再政府核准增收重置設備費每度八十元自本月份起同時取消謹此報請 備查

決議 准予備查

二、冬季儲煤借款三十五億元案

說明 本公司鑒于冬季江水日枯運煤困难經呈准政府商由四联總處重慶分處貸與儲煤款三十五億元月息六分期間六個月自三十六年十二月三十一日起至三十七年六月三十日止由中央信託局為代表并派遣稽核及煤棧監管員駐在公司稽核有關本借款賬冊單據本公司現已向天府寶源兩公司簽訂儲煤合同計天府於一二三月份中每月上運三千噸寶源於元月份交二千噸二月份一千五百噸三月份五百噸煤價均以社會局核定之當月份價格為準謹此報請 備查

決議 准予備查

討論事項

一、三十六年度員工考績案

說明：茲擬定三十六年度員工考績辦法是否可行提請

公決

一、本年度員工考績依本辦法辦理之

二、除總經理由董事會考核及總工程師主任秘書主任工程師秘書正副科長組長廠處社正副主任由總經理考核外其餘員工一律由各主管科廠處組社主管人初核報由總經理覆核

三、凡服務未滿一年之員工不考績

四、派送及自費出國人員一律停止考績期滿回公司後亦不補考

五、考績等級分甲乙丙丁四種甲等加三級乙等加二級丙等加一級丁等不加

六、各單位考績甲等者不得超過其全部人員百分之三十

七、考績表由人事股印製分送各單位

八、各單位考績表應在三十七年　月　日以前簽呈總經理覆核

九、調職員工之考績由現在服務之單位主管人會同原單位主管人辦理之

十、本辦法如有未盡事宜得由總經理另行規定報董事會備查

十一、本辦法由董事會議決公佈實行

決議　候劉董事長回滬決定（下次會議再議）

六、富源水力發電股份有限公司增值增資請本公司（照）原股額比例（增加）投資案

說明　北碚富源水力發電股份有限公司股本四千萬元本公司投資一百萬元現該公司將原有資產重估增值為四億壹仟陆佰万元（本公司撥分一千零四十万元）新股東增加現金股捌仟肆佰万元本公司依照比額撥（加）貳佰壹拾万元使增值部份資本共為伍億肆仟万元另再向原股東募集資本肆億陆仟

万元俾全部资本共为壹拾亿元此项
增资股份本公司应拟认壹仟壹佰
伍拾万元两共应缴现金股壹仟叁佰
陆拾万元本公司股资结款共为贰
仟伍佰万元现金股本应否照缴敬请
公决

决议 照缴

主席 刘〇〇

重庆电力股份有限公司第一百零六次董事会议纪录（一九四八年六月十八日）　0219-2-118

重慶電力公司第一零六次董事會議紀錄

時間：三十七年六月十八日下午三時

地點：本公司會議廳

出席：張叔諶　張能一代　趙兩圍　劉載立　田智之
　　　袁玉鑄　王文李代　楊曉波　琮輝祖代　陳輝祖
劉庠　吳德工程師錫瀛
黃祥長大庸

主席　田智之　劉航琛　程本臧
紀錄　張君鼎　胡潤寶

報告事項

一、報告一二三四月份會計月報案
　決議查閱表報無訛存查

二、劉總經理航琛奉電請回常董董習之代理總經理戰務案
　決議通過

討論事項

一、修訂本公司組織規程案
　決議通過（組後規程附後）

二、修改本公司郵養規則案
　說明：查照工郵養規則係三十二年八月十九日第二十八次董事會修正通過當時係抗戰時期故府第十五條「在非常時間答償郵養金及卹養賞除按薪工額及薪工時加計算外

37 ……　855號

231

並將其最後所領各項補助金津貼之半數合併計算之規定，還在非常時期已過，上項規定自應廢除。廢除後職工退職時若照第十二條規定領取退職金，以職員最高薪級月薪一千元按服務二十年核給三十個月計算，不過三萬元，其月薪不足一千元、服務年限不滿二十年者，其所領退職金渺乎小矣。當此物價繼續高漲仍未恢復之際，若照此規定核給退職金，未免太少。兹擬發通告辦理職工之撫卹、膳養、退職，按薪工額仍連薪工附加計算，將各條給予薪工額下加「同薪工附加」五字，與發給三個月外加一個月之遣散費數額相比較，雖有超出，為數甚微，既於情理不悖，亦不失卹養之意，并附呈比較表一紙。第二条撫卹金核給標準核與退職金標準亦有不合，并予列表修正如后：

服務年限	1	2	3	4	5	6	7	8	9	10	11	12	13	14	15	16	17	18	19	20
核給月數	2	4	6	8	10	12	14	16	18	20	22	25	26	28	30	32	34	36	38	40

其餘各條均屬妥善，是否有當，敬祈 公決。

決議：通過（表附后）

三、發電設備負荷過重，近來時有虧損，過去以限於法令所提折舊準備不足抵銷，擬請准將差額列作損失，并撥其他準備金以利重置案

決議：通過

臨時動議事項

一、本公司產業公會對於依照電價指數發給薪工及修改職工食糧辦法請予重加考慮案

決議：授權田總經理辦理

主席 田習之

重庆电力股份有限公司临时董事会议纪录（一九四九年三月二十二日） 0219-2-307

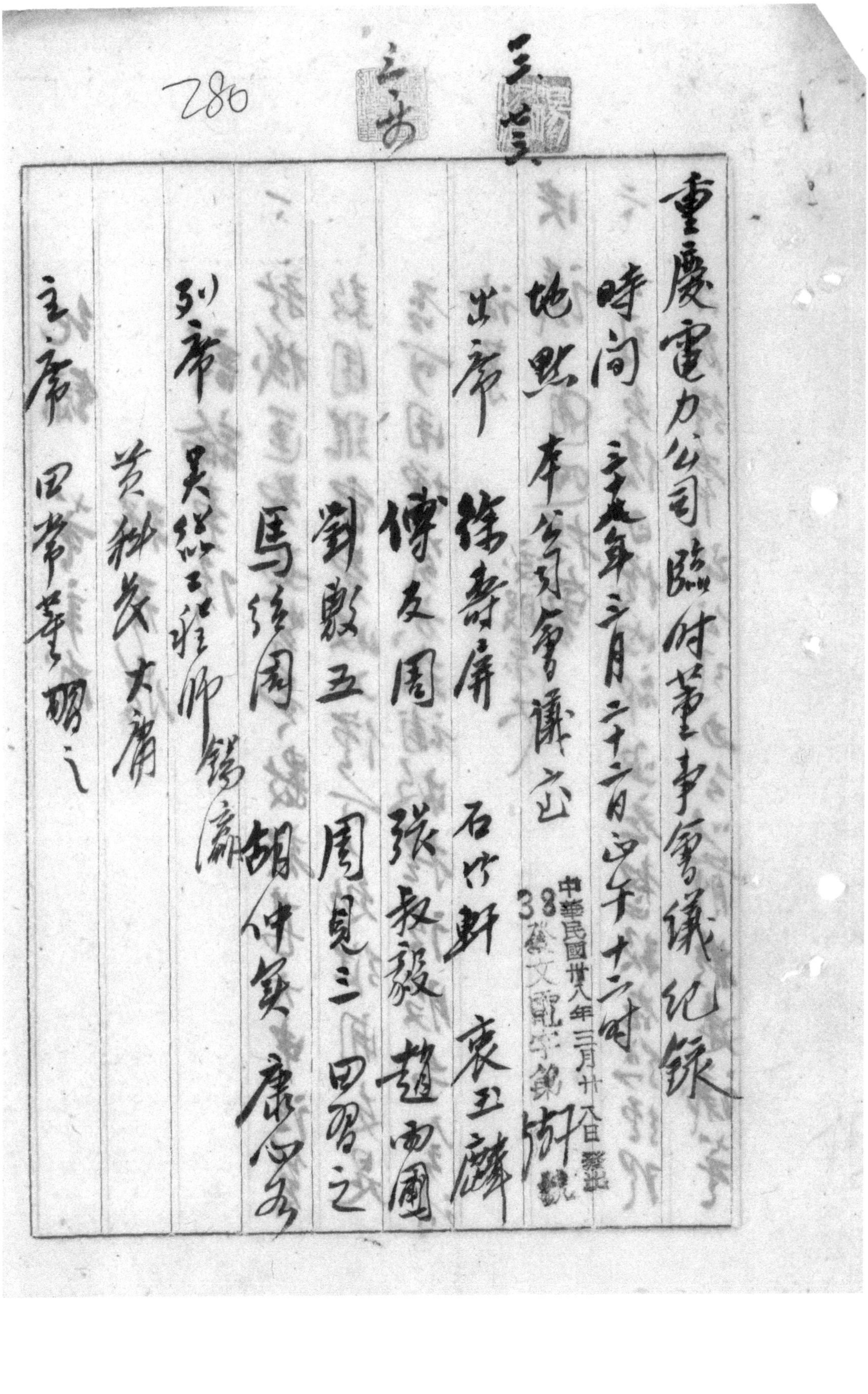
280

重慶電力公司臨時董事會議紀錄

時間 三十八年三月二十二日正午十二時

地點 本公司會議室

出席 徐壽屏 石竹軒 袁玉麟

傅友周 張叔毅 趙雨圃

劉敷五 周見三 田習之

馬銘周 胡仲實 康心如

列席 吳總工程師錫瀛

黃秘書大庸

主席 田常董習之

中華民國卅八年三月卅八日發出

38 發文電字第 號

纪錄 董事、甯
张君彤

討論事項

一、新機運費安裝費數額甚大，申請貸款困難，雖電費收入僅可勉維開支，是否可用增資方式補救，提請股東會討論案。

决議：通過，提交股東大會。

二、公司負債日增，內部亟應整頓，在總經理未能經常到公司辦公以前，擬建議董

281

事會加强督導並組織執行委員會
經常處理公司事務案
決議：保留
三、南岸發電廠因高壓過多擬用下列兩
種方式補救案
甲、請南岸用戶組織用電委員會將
每月發電費全數繳與委員會
乙、將第二廠撥與南岸用戶組織之用
電管理委員會並酌提折舊準
備、

182

决议：照甲项办法并缴照大坪临江门总表用电办法授权总经理试办

乙项办法保留

四、城区用电权请政府协助推行总表制以便设法减少窃电案

决议：照第三案决议办理

五、新机工程组织新机建设委员会办理并附组织大纲及委员名单案

决议：通过（附委员名单一、组织大纲另印附）

田留之

282

袁玉麟（財務組）
吴錫瀛（設計組）
易宗模（工程組）
楊仿尉
歐陽鑑
劉佩琳（事務組）
張正人
秦亞雄

六、第十三屆股东大會議程案

決議　通过

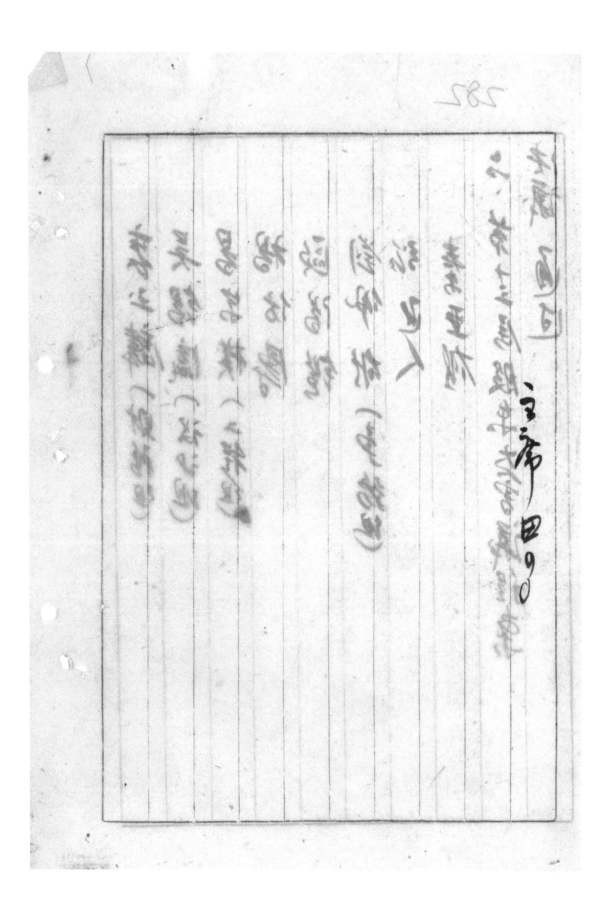

282

[illegible] 询问 [illegible]

2、[illegible]

[illegible]

[illegible]人

[illegible]（[illegible]）

[illegible]

[illegible]

[illegible]（[illegible]）

[illegible]（[illegible]）

[illegible]（[illegible]）

重庆电力股份有限公司紧急董事会议纪录（一九四九年六月十日） 0219-2-325

重慶電力公司緊急董事會議紀錄

時間：三十八年六月十日正午

地點：本公司會議室

出席

康心如

周見三 心如代

趙雨圖 毅三代

劉毅三

[illegible] 王素功代

石體元 傅友周代

傅友周

田習之

胡仲實

程本臧

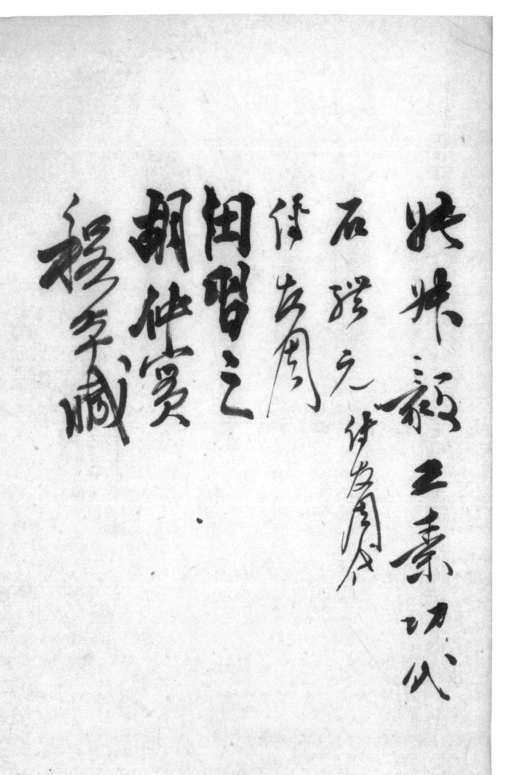

列席 吴總工程師

主席 康心如

紀錄 張君鼎

討論事項

一、報告本公司電價以銀元作計算標準之經過及今後處理辦法是否有當提請 核議案

本公司目前遭遇三大困難曾提請上月買本會討論有案五日上午九日長官公署派專員趙懋先邀集市府參議會煤商在本公司開座談會決定八項

(一)為維持電價之穩定便於核價起見擬呈請長官公署對電價成本准以銀元作計算標準

(二)對電力公司之救濟擬呈請長官公署准該公司向中央銀行貸借煤款一萬噸以資週轉

(三)電力公司对礦商過去舊欠由雙方即日自動協議結算以分期付償為原則

(四)兵工廠所欠電費擬請長官公署轉飭即日償付如兵工廠有困難請由中央銀行墊付並須以現鈔或銀元償付

(五)水泥廠所欠電費請社會局協助解决

（六）渝市市民對電費問題所發生之誤會擬請市府召集談會請各區長區民代表新聞界及有關單位出席詳加解釋并登報說明

（七）在長官公署對電價成本准以銀元估計算標準未核定前各用户照六月五日電價現鈔繳付

（八）為便電力公司維持繼續發電起見由天府寶源兩公司即速運濟二千噸交該公司應用價款由該公司設法自六月六日起逐日儘先償付並須以十分之一付天府舊欠　七日下午工務局依照當日煤價每噸四元二角核定本公司電價電力每度四分五厘電燈每度

六分煤價变動百分之二十時重行開會核價本公司自八月即照收電費

本公司又遭遇困難三項

(一) 核價過低 現在煤價~~超過~~為戰前百分之五十郵電及其他公用事業價格接近戰前標準本公司戰前電價平均每度約為二角弱而奉核電價平均只五分僅及戰前四分之一極不公允合理且竊電及不付費之用戶日益增多本公司無力取締能繳費之用戶以經濟不景氣之故減少用電量每月可收電度決難達到二百萬度銀元十萬枚之數即此數能否維持現狀尚成問題

(二) 調整困難 正擬向局規定以後如煤價增漲百分之二十時再重行

召集會議核定價格。查社會局核定基本煤價時係照米價增落百分之十煤價即自動調整不經過政府召集會議核定同受政府管制而核價辦法迥然不同此係以煤價漲百分之十而電價照此次規定不能上漲公司如同意煤商漲價則此百分之十又將如何取償如不同意煤商漲價則煤商勢必停止供煤且煤商自動漲價而公司電價尚須經過審核手續如停收待核則煤款更無着落如繼續照收則收入將不敷支付煤款故此規定實有修改之必要

（三）市面現鈔與支票仍有鉅額貼水大戶無法全以現鈔繳納政府未規定支票如何折合現鈔辦法又現鈔折合銀元規定照中央銀行牌

價查央行牌價於每日上午十時及下午二時公佈與公司收費時間不能配合無所適從且牌價與市價又相隔懸殊所收金圓券不能找補銀元

根據上列困難本公司已向政府建議三項

(一)請根據公司實際收入及實際開支重行核定電價

(二)電價應隨煤價增落比例自動調整事後呈報備查不再經過核價手續

(三)應規定支票折合現鈔辦法

以上為本公司擬議之補救辦法是否有當敬祈指示至於以後究應

如何辦理並祈

核示

決議：推田常董習之、傅監察友周負對外交涉之責

二、吳總工程師堅不就任協理兼職案

決議：本案不成立

三、散會

主席 康心如

117

重慶電力公司臨時董事會議紀錄

時間　三十八年七月六日正午

地點　本公司會議廳

出席　裴玉麟　周見三　徐壽屏

張叔毅　王素功代　程本臧

趙雨圃　敷五代　劉敷五

傅友周　石體元代　田習之

列席　吳協理錫瀛

黄秘書長大庸

陳秘書景嵐

中華民國卅八年七月六日發出

38 發文電字第1316號

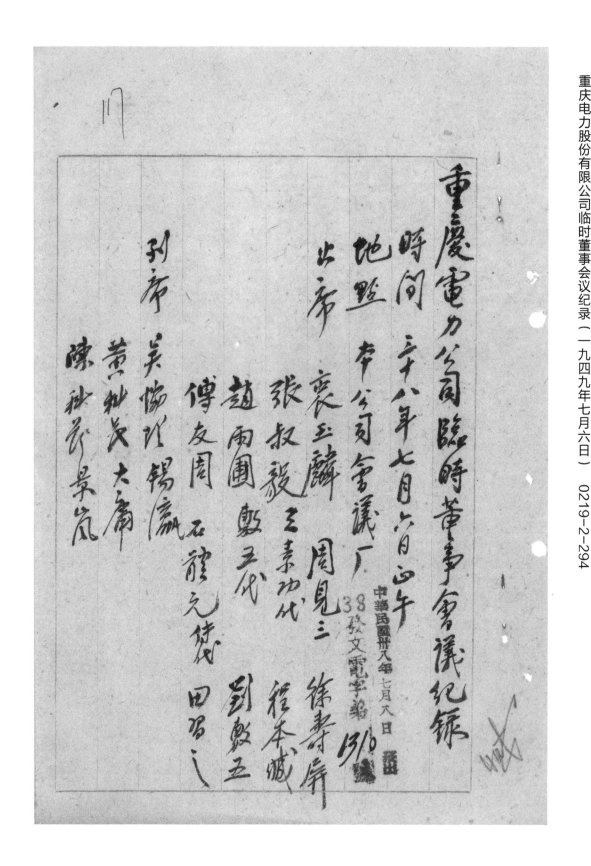

黃副科長曉叙

主席 周見三

紀錄 張君鼎

討論事項

一、劉代董事長[illegible]航理因担任公務不能再任本公司董事長兼總經理

函請辭職，職由代總經理習之出由，兩出

請辭職案

決議 推周主席見三、傅暨奚支周兩位

請董事長仲三執行職務，劉總經

118

理辞职事，俟与潘董事长商讨后再议。田代总经理辞职慰留。

二、职工福利委员会函请拨付三月至五月份福利金案

决议：函总务科公布修正办法，自公布日起以公司实际总收入万分之十拨发。

三、本公司职工米价之计算，采用何种标准案

决议：函征信新闻前一日中熟山米价为标准。

四、各兵工厂欠费八万元，自来水公司欠电费

六十六萬度應作為收案

決議 推由常董習之吳協理錫瀛負責

二、對洽收商另請孫董事長繼齋[illegible]

推傅暨寧友周田常董習之共

自來水公司洽收商

五、散會

主席 周

七月七日

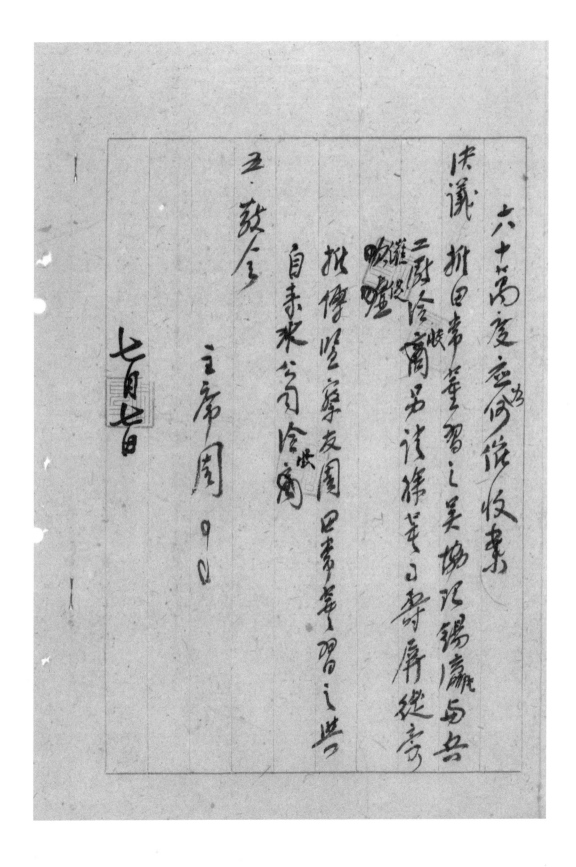

重庆电力股份有限公司第一百零八次董事会议纪录（一九四九年八月二十二日） 0219-2-325

86

重慶電力公司第一〇八次董事會議紀錄

時間：三十八年八月二十二日下午四時

地點：本公司會議室

出席 潘文華 石競代

石競

徐壽寧 金[illegible]代

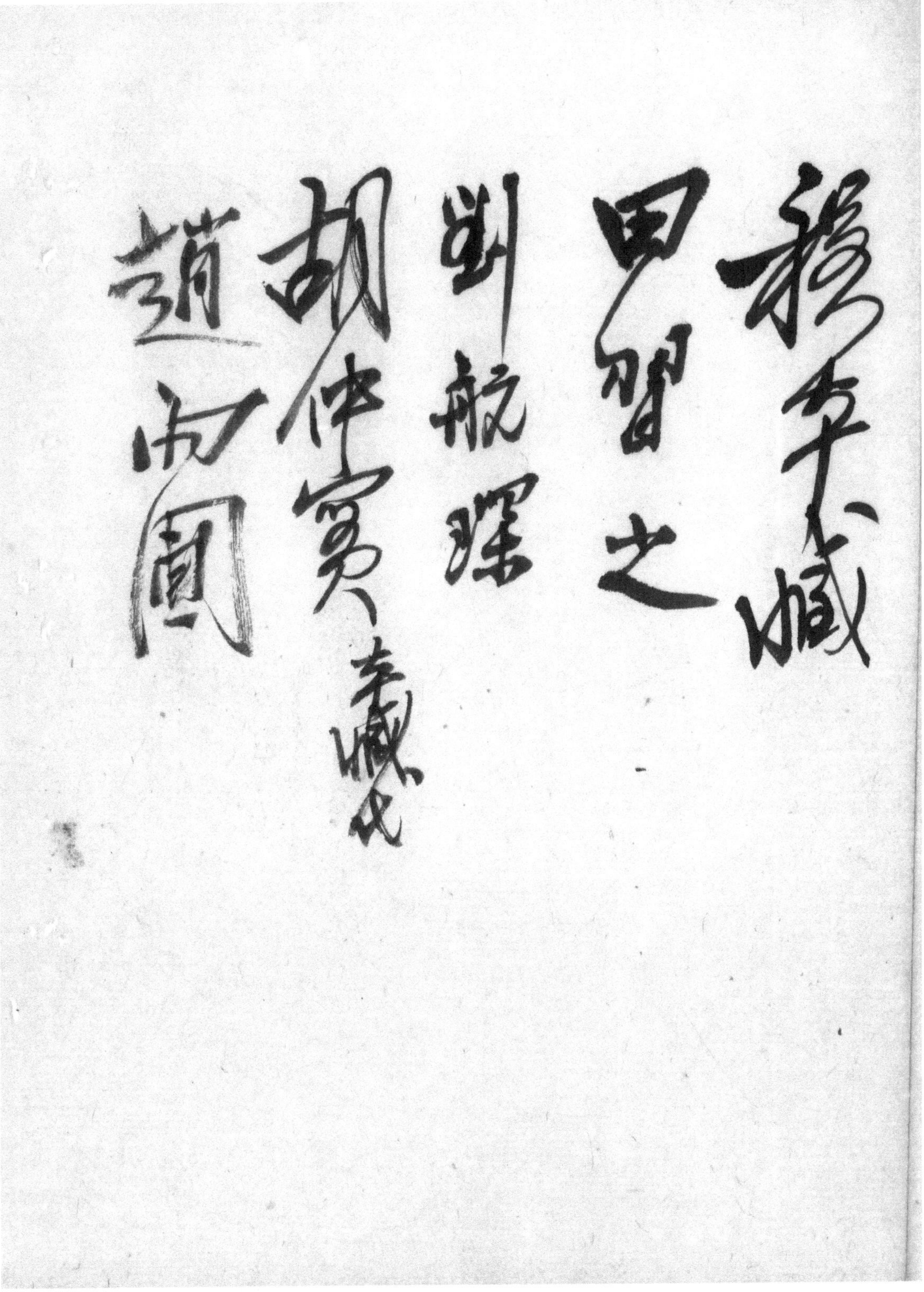

劉□五　[illegible]

張志毅

列席：吳協理錫瀛

黃科長大庸

主席　石體元

紀錄　張君鼎

主席發言：本會在潘公館集會兩次，潘董事長覺得有勞

各董監深為不安故今日會議改在公司舉行原擬親臨主持乃不幸患感冒未愈不克出席囑託本席代表

報告事項

一、報告一至七月份會計月報案

決議：查核無訛存查

二、傅總經理報告 本月九日到職視事案

說明：本人於本月九日到職視事惟迄今尚未辦理接交查各部主管人員並無變動似可不辦交代但不妨利用此際會舉行一次徹底清查並擬辦理接交辦法（一）由本會決定交代日期前後

區劃分不必具備委任形式（二）仍辦理委任手續並徹底清查以

昭核實請　公決

決議：照第二項辦法辦理辦後報會備查

三、本公司訂購器材及運輸情形結匯經過案

說明：（一）本公司訂購一萬瓩新機爐價款共約美金壹百萬元已付美金四十萬元照合約本年七月份起應陸續交貨起運在起運前公司應付清全部貨款現因公司經濟拮据無法籌付而航運阻梗即付款接貨亦無法運渝但如遲延過久外廠可任意處置應如何辦理請　公決

（二）又向安利洋行慎昌洋行新通公司等所訂購之各種補充器材大概百分之九十五均已交貨並已運到重慶未交貨者祇膠皮線一部份及機爐配件一部份數量甚少已交貨而尚留上海不及運渝者僅變壓器十三個配件一批鑽水泵一具鉛皮線一千呎風雨線二萬磅左右總值約二萬餘美金內中變壓器及配件約值五千餘磅因貨款未付清安利拒絕交出提單故萬一損失公司似可不負責任風雨線等因堆存危險地帶為免損失在上海易手前已將提單交與新通公司請其緊急處置設法運出危險地帶但因音訊不通迄無消息故上海方面所存器材不致有大損失

決議：通知外廠暫緩製造及起運

四、申請增加電價經過案

說明　本月十二日接煤商通知自即日起鍋爐煤價每噸由九元一角增為十六元二角，計增加七元一角之鉅，公司遭受此種重大困難，立即向主管機關呼籲，十七日工務局召集有關方面舉行會議，決定煤價由九元一角增為十二元七角，電燈每度二角（原為一角二分）電力每度一角二分（原為八分）自本月二十日起實行，又本公司調整電價以往係根據煤價調整後始向各方呼籲申請，以致耽延時間，遭受無形中之重大損失，此次經我方特別提出請以後煤電水價

統一核定同時公佈實行亦經評議會決定並將

決議：准予備查

討論事項

一、修改職工卹養規則案

說明：本公司職工卹養規則於三十二年八月十九日第七十八次董事會議決通過茲以情勢変遷原規則有不合實際之處經与職工代表商討擬定修正案提請

大會公決

附修正案全文

第二條 職工服務一年以上者而在職死亡時除按其最後一月薪津所得發給一個月作為喪葬費外並依下列標準核給撫卹金

服務年限	核給月數
1	1
2	2
3	3
4	4
5	5
6	6
7	8
8	10
9	12
10	14
11	16
12	18
13	20
14	22
15	24
16	26
17	28
18	30
19	33
20	36

上項撫卹金按其最後一個月薪津所得全數計算服務二十年以上者每多一年即加給三個月

第四條 職工因公殉職時除按本規則第二條規定核給喪葬費及撫卹金外並加給其最後一年薪津額之撫卹金其有特殊勞

積蓄因冒險救護公司財產以致殉職者得由總經理呈請董事會核給特別撫卹金

第六條　職工因公傷殘肢體經醫師診斷並由本公司查驗認為確已不能工作自願退職者應照原薪按月發給百分之九十贍養金至死亡時為止

第八條　職工服務十年以上年逾五十精力已衰不堪任事自請退職者得依下列標準按月核給贍養金

（一）服務二十年以上退職時薪津額全數

（二）服務十五年以上不滿二十年者退職時薪津額百分之八十

（三）服務十年以上不滿十五年者退職時薪津額百分之六十

職工年齡未逾五十而服務已滿二十年因久病衰弱經醫師証明須長期休養自請退職者得依第一項辦理

第十三條 職工服務十年以上因久病衰弱經醫師證明不堪任事自請退職者得依下列標準一次核給退職金具有特殊勞績者得由總經理提請 董事會核酌加給

服務年限	核給月數
10	20
11	21
12	22
13	23
14	24
15	25
16	26
17	27
18	28
19	29
20	30

上項退職金按其最後一個月所得薪津總額計算服務二十年以後每

多一年即加给三個月

第五條　各項卹養金係按薪工及全月所得合併計算其他津貼如辦公費出勤費膳費值班津貼值日津貼加工及工友事假獎金等均不在内

第十六條　本規則由經理部擬請董事會議決施行修改時亦同

決議：通過

二、三十七年度職工考績案

說明：三十七年度職工考績一案經本年三月二日本會臨時會議決定繼續舉辦但因種種原因迄未辦理查公司已三年未辦

0000~~20~~
92

考绩对於職工辛劳毫無表示似觉難安但考绩確有種種困難爲兼籌並顧起見擬仍停止考绩改自本年八月份起至本年年底止照去年十二月薪津所得發给一個月之考勤奬金以資替

考绩但对於下列人員不予發给

(一)不到公司辦公者

(二)成绩太差者

(三)請假過多者

(四)服務不滿一年者

(五)派送及自費出國者

以上各項是否有當敬候　公決

決議：通過

三、四月底以前以金圓券計算之電費票據自五月份起改為電費票金圓票據在會計科目上為應收賬款計二十五億八千五百九十一萬四千零零八元六角一分請予核銷案

決議：准予核銷

四、補提福利金案

說明：本年七月六日本會對於職工福利金之決議以總統府公佈修正辦法自公佈日起（三月份起）以公司實際總收入萬分之十提撥、

依此計算福利金數額與以前辦法相差二十倍左右每月僅約百元舉辦福利事業顯然不敷爲範頗計擬請本會復議自通過前案之月起照新辦法實行以前未撥補助金仍照舊辦補撥交福利社生息以補不足茲經會計科估計約需一萬二千元折合食米八百九十餘石由公司一時無法籌撥可作爲存在公司按月照市計息並按月付息以補不足但福利社不得動用此筆基金是否有當敬請 公決

決議：通過

臨時動議事項

一、傅監察友周遺缺公推由發起人陳懷先遞補案

決議：暫行由陳懷先代理，提請股東會追認

二、傅總經理薪金案

決議：傅總經理月支薪壹千元

三、總經理及協理科長辦公費案

決議：總經理辦公費每月指令食米伍石，協理總工程師增為每月肆石，各科長主任秘書稽核室主任用電檢查組長增為每月叁石，其餘仍舊，從九月份起實行

主席 石瑛

重庆电力股份有限公司第一百零九次董事会议纪录（一九四九年十月二十日）　0219-2-325

重庆电力公司第一〇九次董事会议纪録

時間：三十八年十月二十日正午

地點：本公司會議室

出席

潘昌猷
石竹軒
徐鑒泉
康心如

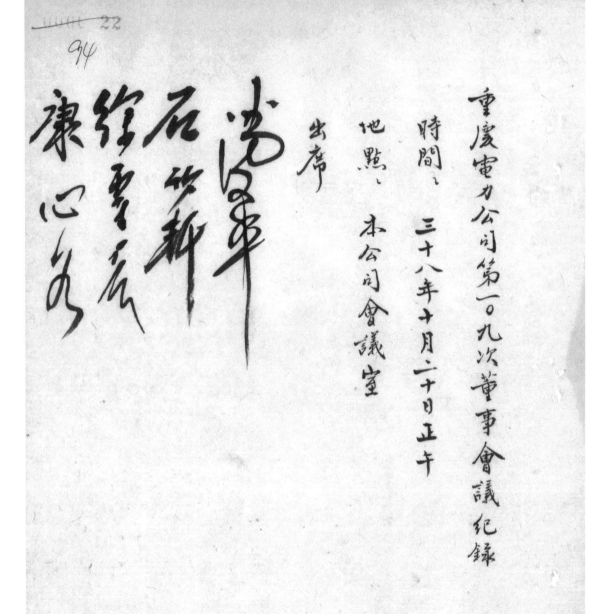

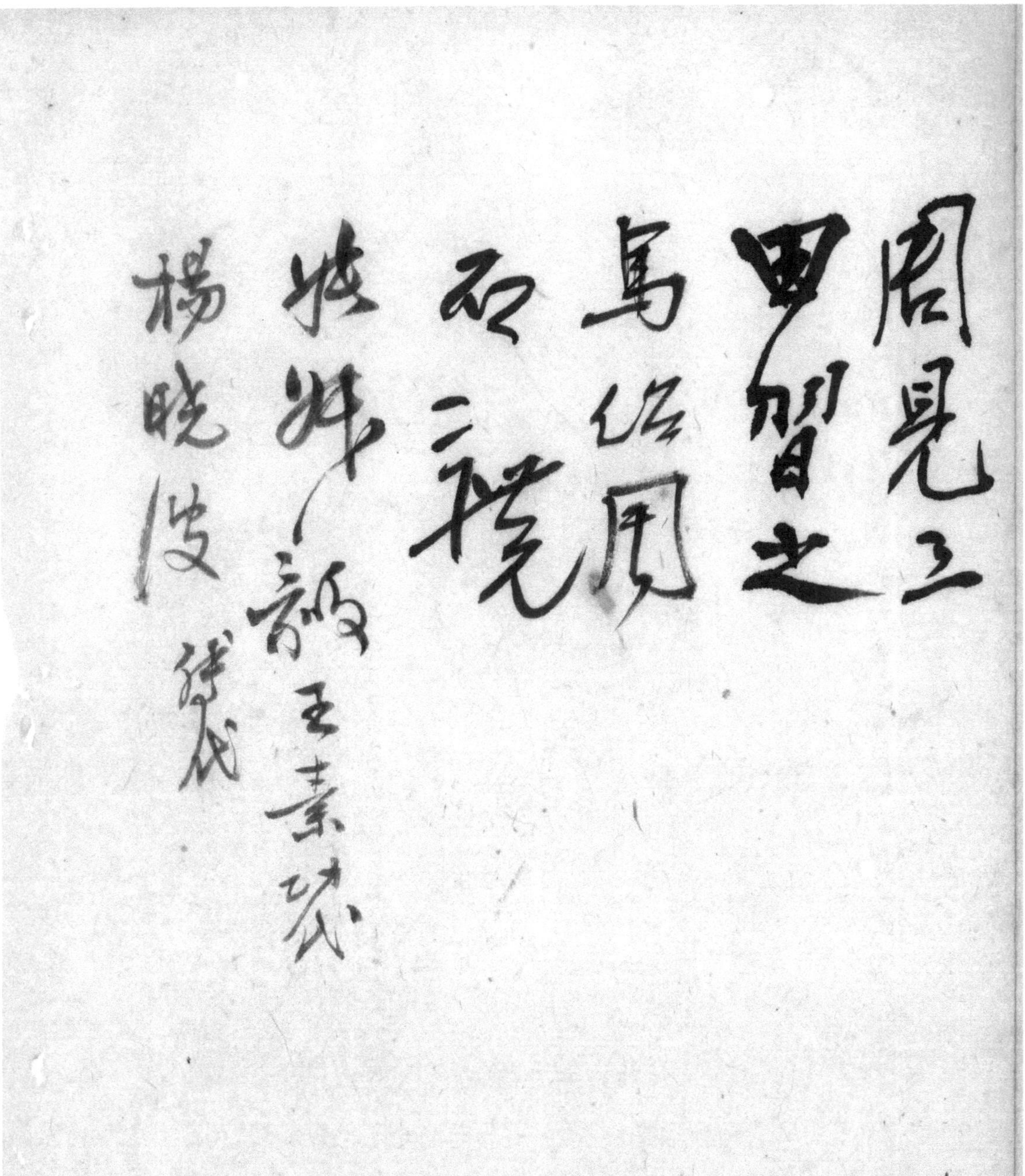
周冕三
田習之
馬佑周
石二[illegible]
姚維韻 王素瓊代
楊曉波 徐代

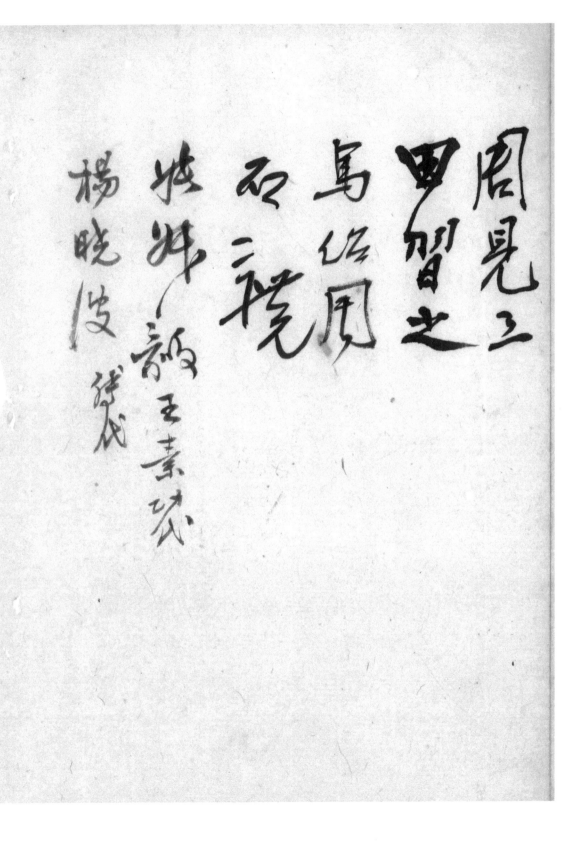

95

趙雨圃 劉毅之代
劉毅之
列席：傅總經理友周
吳協理錫瀛
黃科長大庸
主席：石體元
紀錄：張君鼎

報告事項

一、報告八月份會計月報案

決議：查閱表報無訛存查

二、儲煤一萬噸支付貸款八萬四千元經過及最近燃煤缺乏狀況案

說明、本年六月間全國券貶值物價飛漲燃煤恐慌西南長官公署特令中央銀行貸給一萬噸煤款議定之日已實行銀元券共計煤款八萬四千元由代表行交通銀行先付五千噸煤款計四萬二千元旋以財部命令停止放貸款以致所訂契約未能履行徐劉兩部長來渝時始行商定續付而煤價已漲至每噸十元甚

~~900 24~~
96

差額八千元由本公司付出約定本月十五日收清煤量分兩個月內還款現已逾期煤商尚未依約交清竭力催交亦鮮效果現煤已漲價每噸為十八元九角而電價尚係四十元一噸之價格核定政府既不公開承認煤商自動漲價但又不強令煤商照舊價售煤與公司造成今日煤荒斷電現象本公司亦有煤到發電煤量即使無三日以上之儲煤不但本公司損失甚重市民觀感亦復惡劣為公司度過難關經理部同人實覺為難也

決議：准予備查

三、"九二"火災供電綫路損失情形及請求救濟經過案說明：本市九二火災本公司損失器材已報政府者數達四十七萬餘元之鉅本公司呈請政府令由中央銀行在救災貸款項下撥貸三十萬元深恐貸款急切難到復呈經濟部請在五千瓩新機安裝費項下先撥二十萬元濟急以貸款歸還或由將來增加之折舊準備費項下陸續撥還現正靜候批示中

決議：由潘董事長宴請楊市長商議再由本會董事續與市府洽定實行辦法

四、五千瓩新機安裝情形案

吳協理報告：資委會准許運川五千瓩發電設備三套聯合

~~0006 25~~
97

配裝在大溪溝安裝發電機一套鍋爐兩座廠房改建及地脚工程已開始工作分散各處器材亟需運集廠內全部工程費以每石八元米價計算需米九萬六千石民生公司及各廠墊付運費以及應行補購器材尚未計算在內最近政府准撥實物約合六十萬元

決議：俟何廳長北衡到渝催其將省府之款從速劃撥

五、接洽立中煤礦經過案

田常董習之報告 本人於去年六月接任總經理時即感覺煤之供應問係重大劉代董事長亦曾談及煤礦事經調查結

渠煤質尚佳之中人事複雜不便共同經營商定租用十年開辦
經費估計五萬四千元分期支付請由公司出資接辦是否有當
敬請 公決

決議：本案由常董主持新立公司解决缺煤停電恐慌本公司
投資額限定五十萬以免在漲價或其他來煤不濟情形下繼續
供給煤斤俟煤礦業調整價格後再調整將應補給

討論事項

一、長壽水電輸送來渝由本公司躉購轉供綫路經費約計四十
萬元市府撥請由本公司及巴縣電廠代收電費附加每度五分工

~~000 26~~
28

程完讫即行停收案

决议：由政府主管机关自行制票收费，公司不能代收，以免误会。

二、请求调整电价案

说明：本公司现行电灯价每度一角五分八，电力每度九分五，平均价一角二分七厘，与战前电灯为二角八分，电力九分，平均价一角八分，与现行电价仅及战前百分之七十，殊欠公允，已呈请经济部与现行电灯比加十分之三，电力比加十分之二，以资弥补。又抗战期间政府为增加人民负担起见，准提折旧费，并恳经济部于核定电价外另行增加百分之五之折旧费，以谋继续整理重建

設備

以上兩項尚在政府慎重考慮之中並與經濟部及市府主管人商討曾經覆方非正式決定分治標與治本兩項辦法治標係依據向例煤價漲價時電價即行比例調整由建設民政兩局召集評價会議同時決定公佈治本辦法由經部依據當前需要重新擬訂全國性之電價公式並與地方政府商定一機動之調整方式以適應物價隨時變化該項決定已歷一週而治標辦法官方尚延未實行公司缺堪此為主因應如何催促實行敬祈 討論

決議：經常電價靜候評議會核定重建九二災區域經費由潘董

事長與楊市長接洽

主席

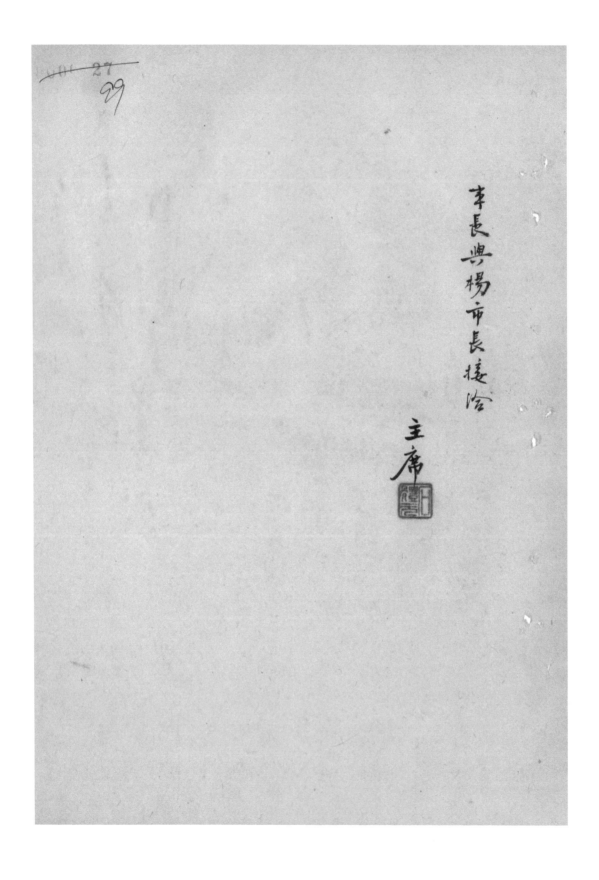

重庆电力股份有限公司临时紧急董事会议纪录（一九四九年十一月十四日） 0219-2-325

重慶電力公司臨時緊急董事會議紀錄

時間：三十八年十一月十四日正午

地點：本公司會議室

出席：

[illegible]

胡仲實 石體元代

石體元

袁玉麟

馬紹周

石竹軒 馬紹周代

徐贊周

潘文華

康心如

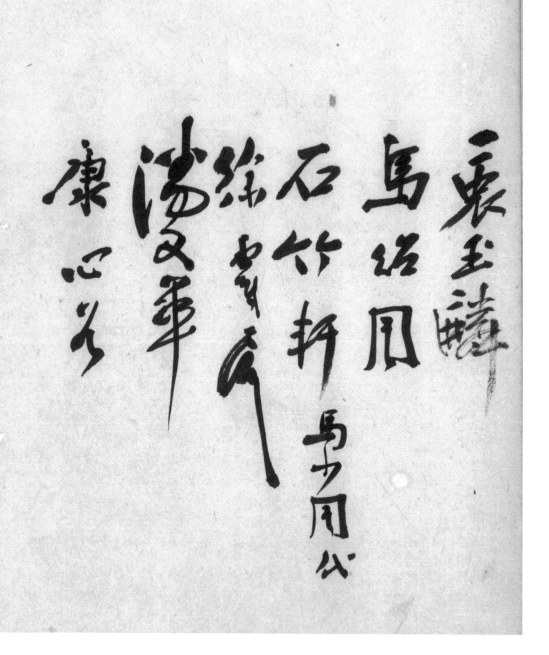

趙雨圃 劉毅五代

劉毅五

列席：傅總經理友周

吳協理蘇德工程師錫瀛

黃科長大庸

主席：潘董事長文華

紀錄 張君鼎

報告事項

一、報告九月份會計月報案

決議：查閱表報無訛存查

二、報告十月份收支概况案

黄科長報告 十月份收入三十七萬三千四百八十餘元支出三十九萬七千九百四十餘元加上折舊一萬八千三百四十餘元共支四十一萬六千二百八十餘元兩抵虧損四萬三千一百五十餘元

決議：備查

三、沙坪壩事件案

102

說明：本月五日下午六時重慶大学電機系学生要求於輪流停電區域供給電流放映電影，沙坪垻辦事處先為特別設法，第三基電廠電壓過低，恐影响機炉安全，臨時停電二三十分鐘，引起誤會。次日上午八時該校学生四五十人蜂湧至辦事處，挾持陳工程師欽桂遊街到理学院学生自治會辦公室，迫令陳工程師書具悔過書，始行釋放。公司員工聞訊至為憤激，经再四婉勸，於本月八日由有關機關調處，与重慶大学成立協議四項：(一)由重慶大学查明肇事学生，予以開除以外之最重處罰公佈；(二)由重大訓導處派員率同学生代表携同道歉函件到電力公司沙坪垻辦事處向陳工程師欽桂正式道歉；(三)以後重

大用電無論任何情形由學校當局派員接洽以學生團体直接接洽

涉務處不予接受(四)希大用書面負責學生以後不得發生同樣事件

或易生枝節

右項准予同意即日遵守謹此報請 備查

決議：准予備查

四、截至十月十四日止墊付新機工程款項案

黃科長大庸說明 本公司自本年一月份起至本日止墊付新機工程

款項計有金圓券銀元券等項貨幣為便於計算起見將付款日

貨幣折合為當日電度總計九十六萬零三百六十五度以今日電力價

103

每度一角三分计算，共垫付一十二万四千八百四十七元四角五分，谨此报

请

备查

决议：准予备查

讨论事项

一、政府改订币制，如何确定公司资本总额案

说明：近年以来，币制屡改，公司资本总额经本会通过改为金圆券计算，正在办理备案手续之时，政府改行银元券，现正计算股权，方式以法币三千万为准，拟请本会最近行政院第九十二次政务会议通过营利事业资本额换算办法一案，主要意义就前资本数额加

抗戰以後新增資本按照規定折換成政府銀元，惟一般公司企業亦有採行實值資本額者，即就現有資產估計現值減除負債折爲後實有資產若干，便是資本額。茲就上列兩種辦法分別擬具詳表，敬請

討論。

決議：准予緩議。

二、職工代表請求改訂員工薪津辦法案

說明：本公司員工薪津係以食米計算折合銀元券發給，現在職工代表以各物均漲，獨米價平穩，生活維艱，擬就調整辦法六項：（一）正薪工總額之基數係以現有之正薪工米量總數爲標準以當月計算

單位食米每市斗定為一点（二）正薪工總額佔應收電度百分之二十

每月平均應收電度以叁百萬度為基点每度電價為電灯電力

平均價計算每月應收電度如超出叁百萬度其超出部份仍按百

分之二十計算加入正薪工項下（三）正薪工之点數為一較固定性之數

字（即不變數）設有增加米量當不在應收電度百分之二十數以內

（四）正薪工總額之点數除以薪工佔應收電度百分數平均價之積即

為每一点之價格式如后

$$\frac{\text{應收電度總額}\times\frac{30}{100}\times\frac{1}{2}\text{（電灯價＋電力價）}}{\text{正薪工点數之總額}}$$

（五）每一員工之点數（即現有米量以斗為單位定為一点）乘每一点數之

價格即為各該員工全月薪工收入(六)公司發給薪工之全月分二次共當

將點數總和減為半數應收電度總額亦減為一百五十萬度為基點其

計算辦法仍與二三四條相同每人所得之點亦減少一半　究應如何

辦理敬請　公決

決議：交常駐董事辦理

三、時局緊張應如何維護公司資產及應付臨時事變案

決議：(一)請董事長仲三因病去鄉長期療養由康常董心如代理

董事長

(二)公推袁董事玉麟劉董事航琛田常董習之為常駐董

105

事協同康代理董事長心如經常在公司辦公解決重大事件事後報請董事會備查

主席 潘

重庆电力股份有限公司董事会临时紧急会议纪录（一九四九年十二月二十三日） 0219-2-325

~~33~~
106

重慶電力公司董事會臨時緊急會議紀錄

時間：一九四九年十二月二十三日下午二時

地點：本公司會議室

出席

[illegible]

[illegible]

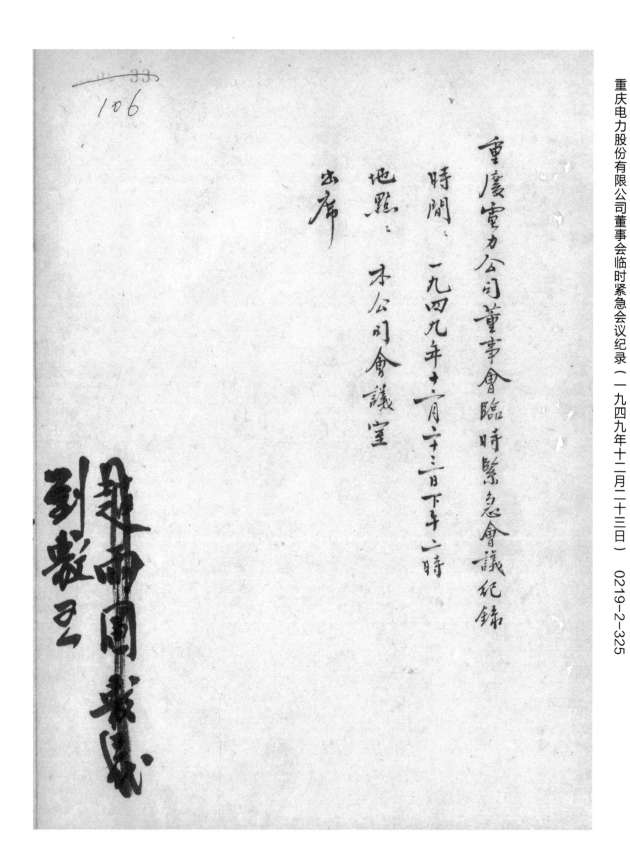

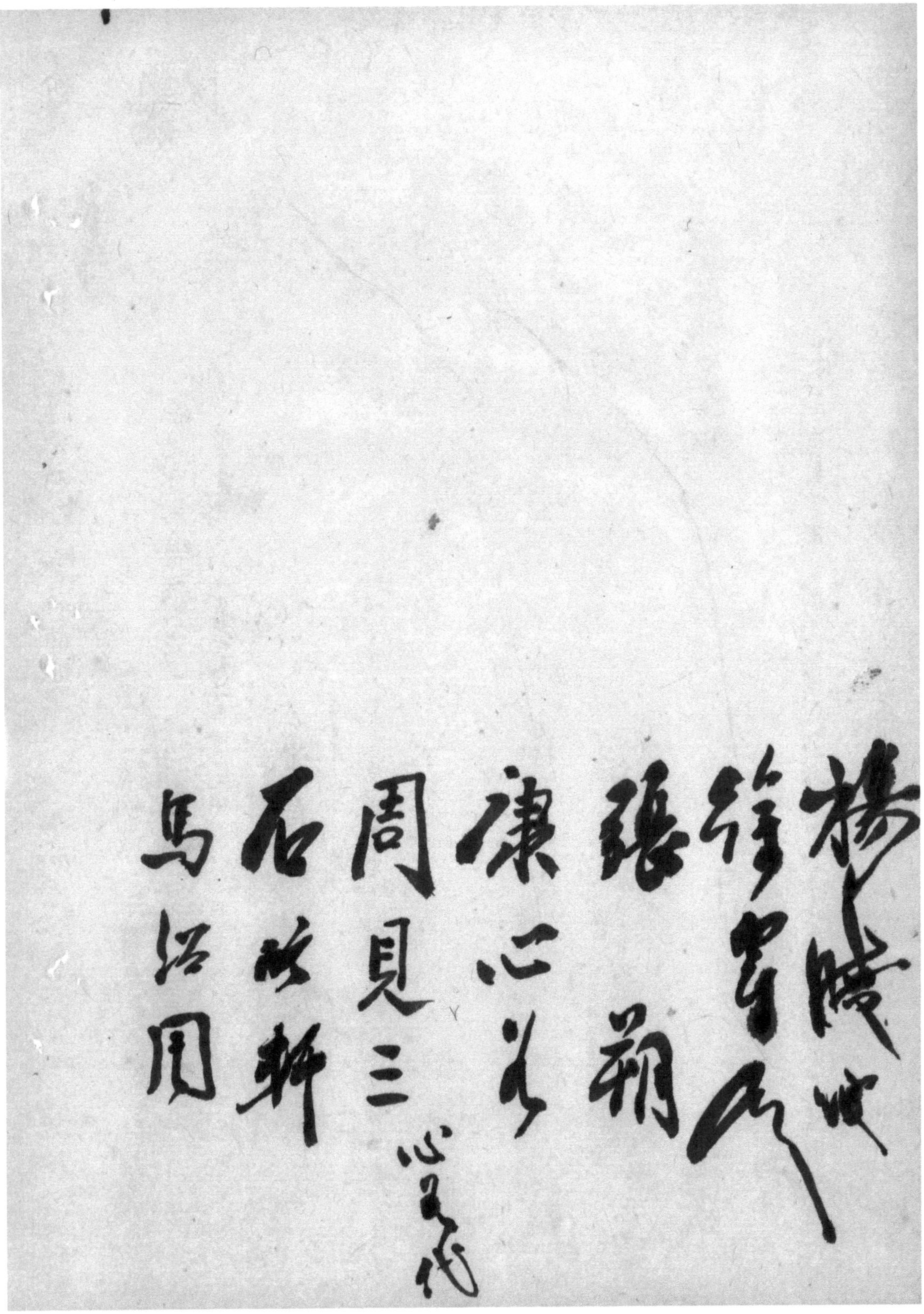

楊[illegible]
徐[illegible]
張[illegible]
康心如
周見三
心如代
石竹軒
馬紹周

107

張玉麟
田習之

列席：傅總經理友周
吳總工程師錫瀛
黃科長大庸

主席：康代理董事長心之

紀錄：張君鼎

報告事項

一、報告十月份會計月報案

決議：查閱表報無訛存查

二、三廠鍋爐炸及一二兩廠護廠情形案

（甲）上月廿九日下午十二時許突有武裝部隊分三路襲擊鵝公岩第三廠驅逐職工立刻離開工作地點即將鍋炉洞前護廠武裝解除遣入洞內鍋炉房安放炸藥六箱頃刻之間鍋炉炸毀水塔被焚一部份機器房未被該隊查覺幸得保全事後清查鍋炉房工人盧樹清彭子青高之成蕭興國李小雲彭桂林六人因不及逃避炸死遠平洞工人數名受輕傷刻正就原有工人將炸燬

部份繼續清理將屆完竣應即籌劃安裝工作

（乙）上月廿九日上午九時有武裝部隊三十餘人乘卡車兩部直至大溪溝第二廠廠房外馬路右側停放駐扎廠房對面國藥號內下午四時由其領隊宣姜嵋出面聲稱奉命護廠將命部隊開入廠內保護數度交涉無效强迫進入廠內其時已五鐘半本廠護廠隊即退至鍋炉與機器房門口把守準備與之拚命一面由我方繕具懇函請其保全市民照明直至六時許宣姜得一紙條給傅之率隊而去次日復傳聞破壞隊重來乃函請本區集中自衛隊約百餘人嚴密防範在外圍江邊一日數驚幸未出事下午七時解放軍

入城乃電話与范家渠請其商請派隊到廠駐守至晚間十時半解放軍當由派兵一排由工業会王道衡先生領導前来始稍放心於次晨江北敗兵退盡保廠工作方算告一段落但該廠因受廿一兵工廠於二十九晚十時爆炸影响水塔震壞大部份各單位房頂亦受損害均待修復

（丙）彈子石第二廠員工事前亦組織特檢隊及各種防護隊並与地方武力取得聯絡幸未見破壞隊到来於緊張情緒中度過此瞬息萬變之時局

決議：准予備查

三、

十二月五日以来电价变动经过及公用部召集研讨电价情形案

查本公司于十二月五日开始收费电灯每度银元券七元六角旋由公用事业联谊会商定以十月廿日核价为标准于六日改为银元贰角贰分次日复经市商会为响应平抑物价运动要求本公司提倡减价运动酌减十分之一电灯每度为贰角电力改为壹角一分五

最近市工业会及少数工会一再要求减价廿二日公用部召集会议经将成本计算资料提出商讨未获结论公用部决定提请军管会核定公布并对于以往欠费及以后收费限期办法亦经交换意见公用部一并请示办理同时公布

決議：准予備查

四、報告本月份計算薪工辦法案

黃科長報告 本公司薪工原係以食米計算自十月份起改為以點數計算其公式為抄見電度乘平均電價再乘百分之二十六然後以食米總數除之十月份數字如下

$$\frac{1,632,000\times0.155\times26\%}{58,000(斗)}=1.16$$

即每斗食米折合銀元一元一角六分

決議：准予備查

討論事項

三個月薪津應補十四個月共計折合食米五十九石六斗一升二合（每月四石二斗五升八合）周贊濤自一九四八年七月因病請假無請假規則扣薪七月份領薪津四分之三八月份領薪津四分之二九月份領薪津四分之一自十月份起未領薪並每月應領薪津食米五石二斗八升計補七月份四分之一食米一石三斗二升八月份四分之二食米二石六斗四升九月份四分之三食米三石九斗六升又十月份起至一九四九年十一月十日止共為十四個月合食米七十三石九斗二升連七八九月一部共應食米八十一石八斗四升除長假時所領四個月薪津外尚應補食米七十石零七斗二升

~~0000 38~~

111

決議：本公司財力不勝並礙於章制未便追補薪津但得由經理部磋商合宜辦法報會追認

三、第二廠鍋炉就地修復或搬回大溪溝原址安裝案

吳總工程師說明　第二廠鍋炉就地修復需時四月需款一千四萬八千元搬回大溪溝需時四個月又廿天需款三十萬元除空襲因素外自以在大溪溝安裝為最經濟

決議：（一）在經濟上管理上論以搬回大溪溝為最適宜

（二）所需費用另行籌劃

甲、請政府補助

乙、请政府贷款

丙、请准由本公司借款以附加电费偿还

以上三项呈请军管会核示并申明公司现仅有四千五百瓩机炉一套可以发电一旦发生故障全市势将停电自来水公司亦无法起水修复机炉刻不容缓

四、安装五千瓩新机炉案

吴总工程师说明 本公司大溪沟厂安装五千瓩新机炉需款一百零五万元如何筹划敬请 公决

决议：专案呈请军管会核示

~~0006-39~~ 112

臨時動議事項

一、遵照軍管會佈告呈報公司股本等項案

決議：照辦

主席 康心如

重庆电力股份有限公司董、监联席会议纪录（一九五〇年一月六日） 0219-2-325

113

重慶電力公司董監聯席會議紀錄

時間：一九五〇年一月六日下午二時

地點：本公司會議室

出席：李仲直　伍[illegible]　李文采　童[illegible]　[illegible]

于[illegible]代
康心如
田留之
楊陵岐
杉寧三
[illegible]石代

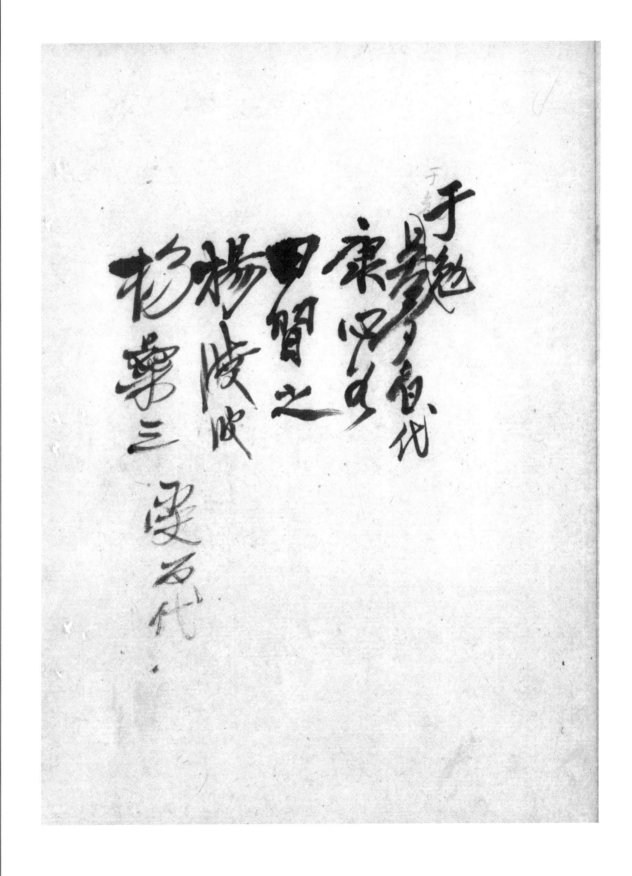

~~0000-41~~

114

胡仲实 章功叙代

袁玉麟

潘昌猷 连鹤临代

马绍周

石竹轩

列席：傅总经理友周

吳總工程師錫瀛

黄科長大庸

陳科長景嵐

章副科長疇叙

孫主任新傳

主席：康董事長心如

紀錄：張君鼎

主席宣佈本日到會董監已足法定人數正式開會 本日官股董監

首次出席我們全體拍掌歡迎

115

全體指掌

討論事項

一、修復鵝公岩廠被炸鍋爐費用及工程進度案

說明：一九四九年十一月廿九日下午十二時許蔣匪軍交通警備旅所屬部隊分三路襲擊本公司鵝公岩廠驅逐職工立刻離開工作地點即將鍋爐洞前本公司護廠人員武裝解除跟即馳入鍋爐洞內安裝炸藥六箱頃刻之間鍋炉炸毀水塔被焚一部份事後清查鍋炉工人盧樹清彭子青高元成蒲興國李小丰彭桂林六人不及逃避炸死其隔壁遠平洞內工人數名受傷自十二月八日起就原有

工人清查被炸機件原定月底完畢在職員工奮勇工作提前於十二月廿七日清查完竣較原定計劃提前四日損壞部份計有省煤器炉排炉管鍋炉房儀表鍋炉鋼柱引風機鍋炉饋水馬達引風機馬達配電板其他鍋炉生鐵零件火磚紅磚鍋炉洞保護設備等等估計需要十四萬八千四百六十七元折合人民幣八億九千零七十六萬元四個月修理完竣除由公用部撥款三億元儘先購置各項亟需器材工具積極施工外本公司庫存備用器材自當全數選用並懇政府轉令兵工廠撥用需要之器材以應急需甚不敷之款仍須源源設法此項修復費用本公司決定專款專帳不能作公司他項費用惟現

~~0000 43~~
116

行电价并未包括此项经费在内将来如何归垫各兵工厂借拨器材如何筹还至于工程进度预定四月如何发动最高工作效率提前完成等项敬请

讨论

决议：（一）修理工程照常进行政府拨款三亿元暂不决定性质各兵工厂调拨器材照旧办理全部经费如何筹划另推小组会议讨论

（二）公推罗士高李仲直李文采吴梦白田智之杨晓波马绍周七人组织小组以罗士高为召集人

二、一九五〇年一月份收支预算案

决议：保留下次讨论

主席 康心如

117

重慶電力公司臨時緊急董監聯席會議紀錄

時間：一九五〇年一月八日下午二時

地點：本公司會議室

出席　仇玉[illegible]　康心如　[illegible]　田習之　楊粲三　[illegible]代　[illegible]　李仲[illegible]

石体元

马绍周　李之荣

胡仲实　黄[illegible]代

于魁　吴[illegible]代

潘昌猷　康[illegible]代

杨[illegible]波

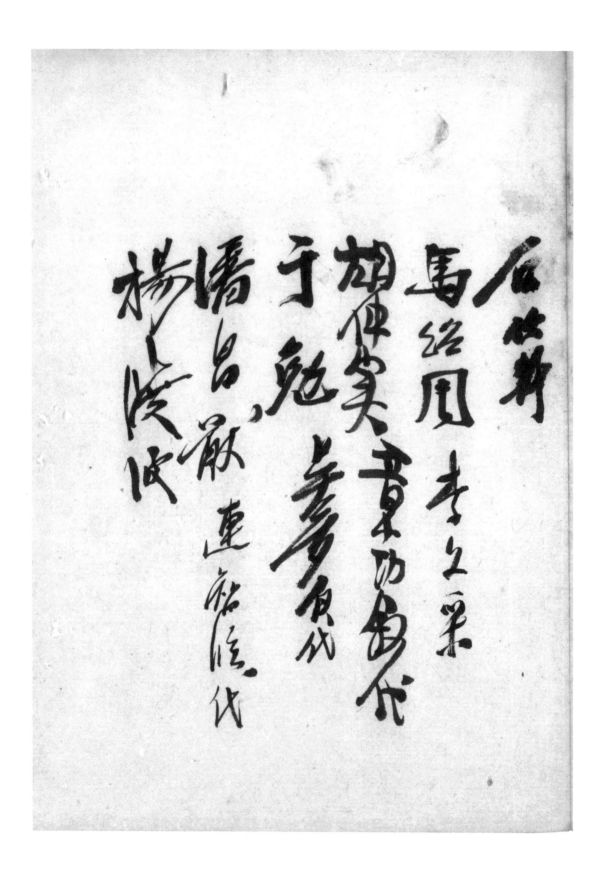

列席：傅總經理友周
　　　吳總工程師錫瀛
　　　黃科長大甯
　　　張科長岩之
　　　陳科長景嵐

主席：康董事長心如

紀錄：張君鼎

討論事項

一、報告小組會議經過案

說明：本月六日本會決議推舉董監七人組織小組討論加股及召開臨時股東會等項經於當日會商結果由董監聯席會推舉董監七人組織常務委員會或常駐董監會處理公司事務是否有當敬請

討論

決議：（一）由董監聯席會推舉公股羅士高李仲直李文采仇世哲商股田習之楊燦三石竹軒七董監組織常駐董監會自行推定召集人常駐董監不克出席常駐會議時得委託代表出席

（二）授權常駐董監會處理公司全部事宜常駐會會議紀錄印送

~~0001 46~~

719

各董監並按月向各董監提出書面報告

主席 康心如

康心如印

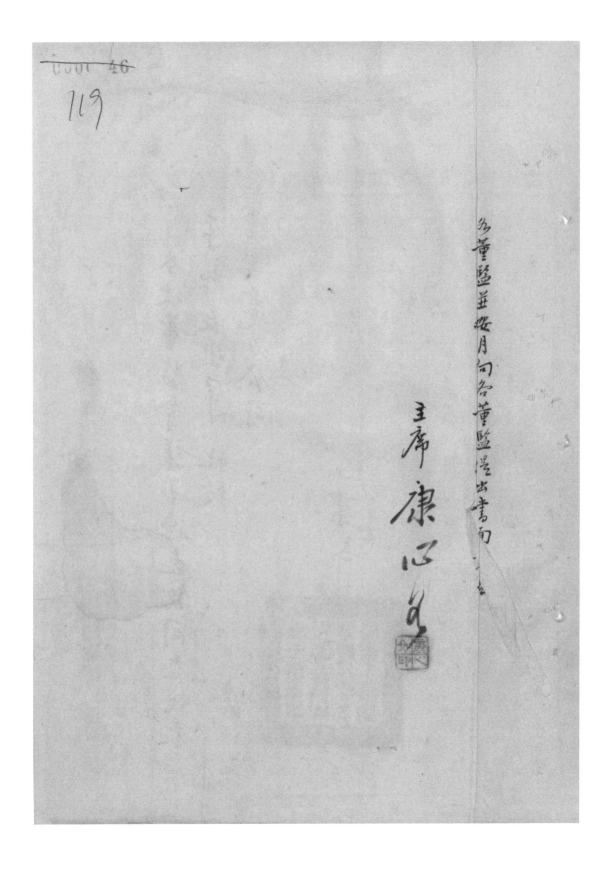

重庆电力股份有限公司临时维持委员会第一次会议纪录（一九四四年八月二十四日）　0219-2-324

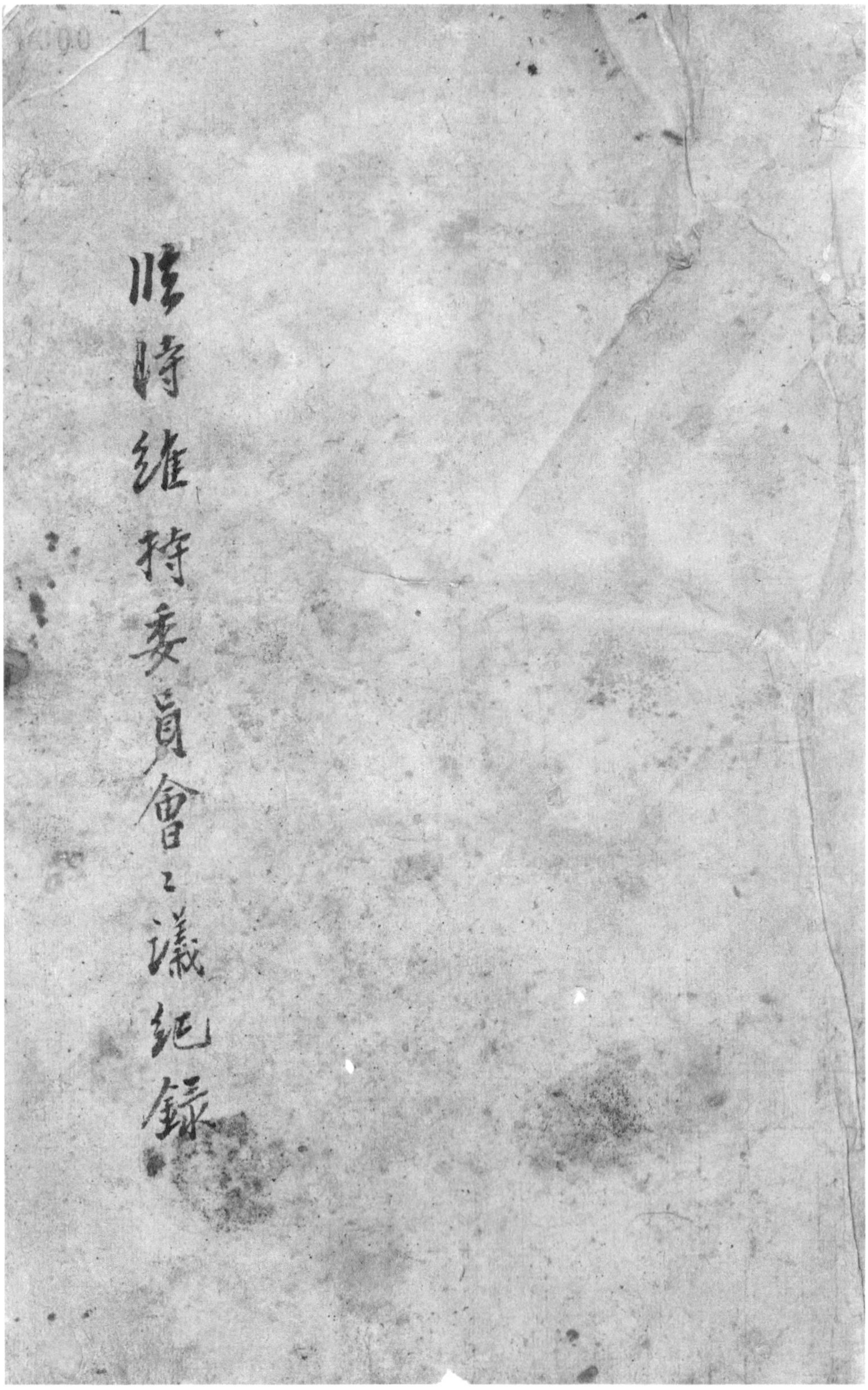
0000 1

臨時維持委員會會議紀錄

重慶電力公司臨時維持委員會第一次會議紀錄

時間：三十三年八月二十四日正午十二時

地點：本公司會議廳

出席人：

徐廣遲 劉穀西代

康心如

郭景琨

劉航琛

康心遠

列席人 程协理本臧

主席 康心如

纪录 张君鼎

报告事项

一、市府派定工务局主任秘书江德潜工务局科长邓卓哲为督导专员，经常前来本公司考核督导案

二、市府派工务局技正杨宝林实地考察本公司各厂发电情形用资改进案

讨论事项

一、讨论本会组织规程案

決議：修正通過。修正之點：第三條第一項計劃收支之平衡，第二項籌備將來復廠計劃及所需之資金，關于第三條第三項訂定員工之待遇與名額事宜，亟應積極辦理，由董事一人推定康董事心如，維持委員會一人推定劉委員航琛、浦總經理心雅、程協理本誠、吳總工程師錫瀛五人負責計劃，應先召集各主管會商擬定辦法，提由本會核議，送請董事會決定。

二、五十兵工廠非正式要求租借營業區域案

說明：本公司自三十二年十月起向五十兵工廠購電約一

千三百瓩轉供水泥廠及龍门浩一帶購電費用係照實用度數及本公司電力售價九折計算現經濟部核定巴縣電力公司電價電力價為六十五元電燈為四十元較本公司電價超高數倍因而五十廠非正式要求租借本公司一部份營業權俾該廠可照巴縣公司電價直接向用户收費現在九折計算實不足以補償线路損失及管理費用欲向用户直接收費固於公司無損如果五十廠正式提出要求似可據以轉呈經濟部並飭期其核准不過名義以表明而已可否之處提請　公決

決議：非正式答復該廠由該廠自行向主管機關請求，如果核准再議租借辦法。

三、李家沱供用電資產案

說明：李家沱原非本公司之營業區域，三十年奉經濟部令延長路線至李家沱供給該工業區用電，三十二年巴縣電力公司成立，本公司放棄該區供電權。巴縣電力公司電廠已於本年三月二十五日完成發電，同時公司即停止轉電，公司在李家沱所裝設之供電用電設備如何處理，經與巴縣電力公司一度商定原則如下：

本桿電綫磁瓶橫担等（四月估價爲國幣二百六十八萬零五百九十七元八角）作價由巴縣電力公司收購變壓器電表等（四月估價爲國幣七百零一萬四千二百五十元）暫由巴縣電力公司租用定期由公司折回在商訂租約及洽議價格中巴縣電力公司要求連變壓器電表等全部價讓查原裝李家沱之變壓器爲六百、二百及五十開維愛各一具六百開維較少似可價讓其餘二具以收回爲是至電表數量不多亦不妨價讓究應如何處置請 公決

決議：除二百開維愛及五十開維愛變壓器不擬出讓，請

已知電力公司限期歸還外其餘木桿電線磁瓶橫担六百兩個變壓器及電表等均勉照最近市價讓售並應在九月份內將清償款逾期全部拆回

以上三案均應報告董事會備案

四、傅彥芳出征安家費案

說明：業務科學徒傅彥芳投効遠征軍離團熱號召為可嘉惟家貧親老無力贍養可否由公司一次補助以資鼓勵請 公決

決議：補助一萬五千元

五、丁德昌撫卹費案

説明：業務科收費員丁德昌於本年七月廿五日肺病死亡，身後蕭條，公司墊付醫藥喪葬各費四萬零四百九十二元，除按照聘工疾病醫藥規則及聘工撫卹規則應領醫藥費及撫卹金二萬四千二百九十五元二角，尚短一萬六千一百九十六元八角，該員服務已逾四年，不無勞績，懇予核銷，作爲特別撫卹，可否請 公決

決議：准予核銷

主席 康心如

重庆电力股份有限公司临时维持委员会第二次会议纪录（一九四四年八月三十一日）　0219-2-324

0000 7

重慶電力公司臨時維持委員會第二次會議紀錄

時間：三十三年八月三十一日正午十二時

地點：本公司會議廳

出席人：

康心如　徐廣遲

劉航琛　浦心雅

胡仲實　郭荣琨

列席人 程協理本臧

黄科長大庸

主席：唐心如

紀録：張君鼎

報告事項

一、報告八月份收支概况案

討論事項

一、戰後復廠計劃及所需之資金案

決議：緩辦

二、訂定員工之待遇與名額案

8

說明 本會第一次會議決推定康董事等五人負責訂定員工之待遇與名額並決定由程協理先與各主管商討經一度召集會商僉以事體重大各主管不便參加會便公開發表意見宜分別談話徵詢意見去職員工宜訂定優待辦法應如何辦理請 討論

決議 (一)名額由程協理召集各主管分別談話

(二)人事 由總協理決定

(三)待遇 徵詢各主管之意見後報會核議送董事會決定

三、函市參議會陳述公司困難情形請予維護案

決議：照發

四、建設新村防空洞加置木架支撐案

說明　李子壩建設新村防空洞原係安裝柴油發電機之用，自資源委員會收回油機後，堆放本公司重要器材，並以鬆石部份有傾坍之虞，應加做木撐，以策安全，經建業營造廠設計估價五十一萬元，是否照做，請公決

決議：通過

五、業務科工務員周忠義因病辭職請給退職金案

說明　業務科工務員周忠義患肺病吐血，經本公司

医師證明須長期休養懇給長假並請酌給退職金

查周工務員於二十四年八月到公司服務雖未足十年身

患疾病不能繼續工作事屬實情可否酌給退職金請

公決

決議：不合規定礙難審議

主席 康心如

重庆电力股份有限公司临时维持委员会第三次会议纪录（一九四四年九月十四日） 0219-2-324

17

重慶電力公司臨時維持委員會第三次會議紀錄

時間 三十三年九月十四日中午十二時

地點 本公司會議廳

出席人 徐廣遲 劉叔義代 胡仲實 康心如 郭榮琨

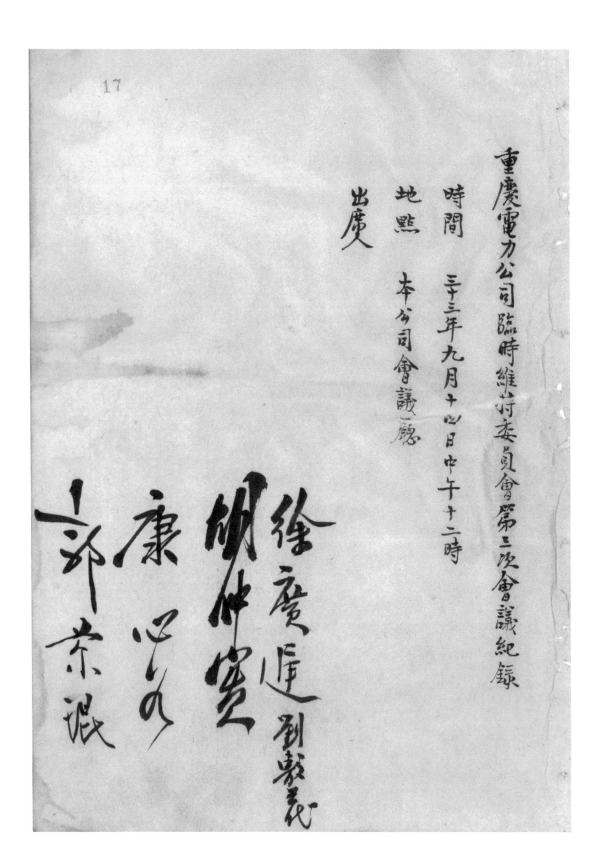

浦心聽
劉航琛

列席人：程協理本藏

主席：劉航琛

紀錄：張君鼎

報告事項

一、自來水公司欠付電費案

說明：查自來水公司自三十一年八月份起至卅三年二月份止應付本公司電費及利息共計三千四百四十萬零八千九百

三十五元六角一分（七八兩月利息未計）除陸續繳付一千八百
三十七萬五千九百九十元尚積欠本公司電費及利息一千六百
零三萬二千九百四十五元六角三分因該公司不同意照經濟
部核定電價及調整費計算（在卅二年七月以前之電費
希望打八折去年七月以後之電費希望不加煤價調整
費並不同意計算利息）以致無法結賬所收之款均出
臨時收據未給正式電費票據是項票據均積存會計
科深恐久懸不決將來清理費事應如何辦理一案提經
本月八日本會談話會商定推舉劉潘三委員洽商解
決辦法請　追認

決議：追認

二、政府補貼案

說明　政府補貼本公司六七八三個月三千萬元業於本月三日向國庫局支領並已支付二千九百四十二萬五千八百一十三元四角六分（五十工廠代付電費五百六十二萬一千四百九十元實八角一分實際八月份煤款五百二十萬零九千四百六十五元六角五分天府八月份煤款八百萬元國庫局七月份印花稅一十八萬三千四百五十七元電一煤廠四十萬零一千四百元水泥稅款一萬元交通銀行透支一千萬元）公司待支款項猶多應否向國家總動員會議提請發支付九十兩月補貼以

濟要需一案提經本月八日本會談話會商定 推康劉兩委員逕向國家總動員會議洽商補助數目另由公司呈請總動員會議早賜派員查帳核計實需成本請 追認

決議：追認

三、中央信托局合作儲煤案

說明 本公司前與中央信托局洽定合作購儲燃煤一萬噸旋即向天府定購五千噸實際定購三千噸天府已交足實際只交一千七百四十三噸照約應於煤觔進棧三個月內領購六個月內領購清楚因早已屆期業經商准展期六個月惟提用部份約四百餘噸亟應即清償現時各礦減產聯

屆冬令恐鬧煤荒擬仍請隨提隨即補足以合同規定一萬
噸為度俾免缺煤

決議：照辦

討論事項

一、煤廠科員李經銘請發給退職金案

說明：電一煤廠自本年七月起暫停開採並裁減人員一
批被裁人員概給薪津三個月李經銘亦係被裁人員之一
簽請優予發給退職金查該員於二十三年　月到公司服
務三十年十月調電一煤廠工作年逾六旬應否從優核給請
公決

決議：該員服務公司將近十年年逾六旬除已給退職金三個月薪津外加給五萬元

二、業務科工務員周忠若因病請給長假並懇給退職金以便療養案

說明　業務科工務員周忠若因患肺病請給長假一案經八月三十一日本會第二次會議決議不合規定應毋庸議該員原請給病假三月照章仍可支領薪津主管見其病勢況重非短時期可能痊癒勸其長假療養可否作准病假辦理請　公決

決議　給假三月以資療養屆時不痊停薪留資

三、福華通工礦公司申請用電案

說明　福華通工礦公司申請在山洞添風壓用電一百五十瓩經查勘估計全部工程費用約需四百餘萬元該公司願照繳補助費惟三廠負荷除白晝及下半夜尚可勉強增加外上半夜不宜再加應否供給請　公決

決議　由程協理與該公司商定(一)減少用電量(二)規定用電時間

四、政府攤派三十二年同盟勝利公債六百零七萬八千元案

說明　財政部公債籌募委員會通知本公司應購三十二年同盟勝利公債六百零七萬八千元分別於四月十五

五月十五、六月十五、前繳款原擬候派員來臨時當以困
難爲辭接重慶市分會公函自九月十六日以後對未繳款各
户實行加派並延抗不繳請由主管官署予以停業或
調銷營業執照當分究應如何辦理請 討論

決議 先行申叙公司困難請予免派

五、遷川工廠聯合會重慶市國貨廠商聯合會函請認購鄉鎮
公益儲蓄券八十二萬五千七百萬元案

說明 各方向公司各單位要求認購公益儲蓄券者甚多
除大溪溝鎮公所要求第一廠認購一十萬元及江北城區體仁
堂鎮公所要求江北辦事處認購四萬元因求辦事便利

起见，分别勉认二万元及五千元外，其余均经拒绝。现准川工厂联合会及重庆市国货厂商联合会于八月三十日会函公司，摊派乡镇公益储蓄券国币仟二万五千七百元，应如何办理，请 公决。

决议：先行申述公司困难，请予免购。

六、已收电表补助费应否遵令发还用户案

说明：本公司前以经济部核定之电表押金与电表市价相差甚远，既不足以保障资产，而表价之利息又不能取偿于电费，增加用户，徒增赔累，而又无法完全拒绝新装，经商部核准收取接户材料补助费，电表似可列为接户材料，乃酌向用戶收取電表補助費（照市價七折）並照收押金或由用戶自備電表抵繳補助費並照收押金（仍須由公司照市收購再照規定收補助費）藉資兼顧實行以來茲因據仍有一二用戶向經濟部控告認為自備電表不應再收押金更不應充作公司資產經濟部以本公司收取電表補助費之辦法未經呈准迭令停止續收並退還已收之補助費准予酌加押金雖一再請求非特仍僅要求准免退還均未照准批現經濟部又來令飭擬具限期發還辦法已收補助費共計一六一四六七六二五元而押金祇准照市價半數收取尚在核議中電費保證金不准加完應如何辦

理敍請　討論

決議　在國家總動員會議補貼辦法未解決前暫不討論

七、四聯總處借款案

說明　本公司於本年七月六日函請四聯總處准予將(一)購備器材油料抵押借款二千五百萬元增為四千萬元展期一年(二)將全部資產抵押借款一千萬元增為三千萬元並將還本期限續展一年(三)將增加透支一千萬元展期三個月現已接該處函覆所有要求展期部份均允照辦要求增借部份概未照准查公司除政府津貼一千萬元外每月收支不敷之數最少為一千萬元如須補發職工三月至九月

茲查四月至九月津貼共約二千餘萬元告貸無門究應如何辦理敬請　討論

決議　推舉劉兩委員向國家總動員會議洽商津貼並呈請該會准予轉請四聯總處照借

八、出售第一二兩廠劣質煤觔案

說明　本公司第一二兩廠所存電一煤廠煤觔一千七百噸質地太壞幾至無法燒用偶因缺煤勉用必於開閘損失甚大應如何處置請　討論

決議：擇選燒用

九、電一煤廠三年來損耗煤觔案

说明 电一煤厂自三十年七月开办起至三十三年七月底止共产煤四八、〇六二、七〇九吨运出数量较此数少本年一月至四月厂前段运输损耗五六七、一五〇吨暨白段损耗七八六、九一〇吨已报请董事会核销现经派员查该连同已核销损耗计算三年来共为五、二九七、〇九七吨内计厂库损耗三、四九〇、四四七吨查煤厂惯例大秤收进小秤发出约差十分之一该厂自三十二年一月起收发一例改用磅秤不免有折耗所报厂库损失一、八〇六、六五〇吨或系实情其余三、四九〇、四四七吨为运输损耗查各厂俱有是项折耗大都约为运输量百分之八电一厂设备简陋与夜间运输量亦多或须较高所報数字損耗均在百分之八以上經派員往查以往有私售煤觔情事但無法獲得證據最近營運股私售汽仝一百一十噸業經查明屬實究應如何處置請 討論

決議 營運股主任陳駿馳開除私售煤觔依法辦理

十一、訂定員工名額案

決議 先由程協理整理所得資料再定期會商

十二、員工請求照案調整薪工津貼並自五月份起補發案

決議 以前應發之款在未改辦法以前仍應補發但須俟政府補貼辦法確定後公司領得該款附財力勝任再行照補

主席 劉航琛

重庆电力股份有限公司临时维持委员会谈话会纪录（一九四四年九月二十一日） 0219-2-324

25

重慶電力公司臨时維持委員會談話會紀錄

時間 三十三年九月二十一日中午十二時

地點 本公司會議廳

出席 丁□荣泯 徐廣達 劉毅五代

列席 程协理本臧

吴总工程师锡瀛

主席 郭景琨

纪录 张君鼎

主席宣布本日到会委员不足法定人数改开谈话会所

有决议事件提请下次会议追认

报告事项

一 政府颁发战时公营私营企业请求调整价格或政府补

贴考核施行办法案

说明 国家总动员会议为稳定物价维护生产并筹

兼顧起見經擬具戰時公營私營企業請求調整價格或政府補貼考核辦法呈經行政院三十三年八月廿八日義叁字第一八三一三號指令修正飭遵照公佈施行公司現已奉到工務局轉發是項辦法原文如下（見另頁）

討論事項

一、電煤廠報告三年來損耗煤斤原因案

說明　查電煤廠本年一月至四月運輸損耗煤斤一、三五四、〇六〇噸經提請七月二十日第八十二項董事會議通過關係浪費茲往廠地調查自三十年六月開辦起至三十二年七月底止結算四年產煤四八、〇六二、七〇九噸內計廠庫損耗一、

八〇六、六五〇噸運輸損耗連同本會通過者共計三、四九〇、

四四七噸經過陸邦提請上次會議討論在案茲接該廠

報告運輸煤觔三四、八一八、二〇五噸損耗五千餘噸損耗原

因計有六種

一、水份損失　因窰內濕潤出洞口時用碼門值秤量一經

堆存水份揮發重量減縮損耗量為百之一、七五九

二、夾石損失　因炭連多係「夾」與「炭」混合窰內剔擇雖

於廠底出洞口後又復揀選損耗量為百分之二

三、滑拖損失　工人裝運滑拖沿途散失雖經收回仍耗去

部份由廠到坪又由白廟子下河途程既遠迭經起卸損耗

量為百分之五

四、車運損失　由茶窩灣到白廟子站統由天府車運裝卸拋失沿途漏落有时車板已壞関閉不嚴損失竟在半数平均損耗量為百分之三

五、風雨損失　存放廠坪及茶白兩站之煤大風吹刮及山洪冲刷而有損失損耗量為百分之二

六、偷窃損失　苦力貧民乘機窃取防不勝防損耗量為百分之一·〇二四

上項損失確係实情較諸天府及附近各礦損耗实不為鉅此種損失非人力所能挽救為一般礦商必有之盤損苟謂該

敝所報各項損失緣由是否有當請 討論

决议 備查

二、司機戴澤鈞駕車撞傷行人懇由公司津貼養傷費案

說明 司機戴澤鈞於去年八月廿八日駕車由鵝公岩返城途中撞傷行人張自權即送中央醫院治療經三個月又十二天治愈住院費三萬二千元由該司機自付茲據該司機簽稱張自權以因傷成廢無法謀生為由請給生活費四萬元經與交涉三萬二千元可了懇由公司津貼此款以輕負担查該司機肇事後負担撫卹養傷費甚重以致影响生活情形實可憫總務科擬簽請給津貼

28

一蔡元可否酌予補助以示矜恤請 討論

決議：由總務科核發准給津貼壹萬元

三、員工請求在中秋節前發給十月份薪工案

決議：提前發放十月份半個月薪工津貼

主席 宗張

重庆电力股份有限公司临时维持委员会第四次会议纪录（一九四四年十月五日） 0219-2-324

重慶電力公司臨時維持委員會第四次會議紀錄

時間　三十三年十月五日中午十二時

地點　本公司會議廳

出席　徐廣遲　程代

康心如　浦代

[illegible]

浦口縣

列席　程協理本臧

　　　吳總工程師錫瀛

主席　郭景琨

紀錄　張君鼎

　　　報告事項

一、市參議會函復公司陳述困難情形請予維護案

說明　本會第二次會議決議函市參議會陳述公司困難情形請予維護一案茲接該會覆函稱「當經向政府

准县嘉見並抄案轉請市政府辦理見復市府於九月廿日渝函略謂「查本府於該公司負有督導之責所陳各節或已經辦理或正在辦理中茲分陳於次(一)市府經會同經濟部呈請行政院准本年七月份起每月由政府補助該公司電燈成本一千萬元並於電力部份仍照煤價調整辦法由各電力用户負担(二)行政院曾頒有竊電處理辦法及取締軍警機關部隊及所屬人員強用電流規則通飭遵照有案本府亦經令飭電力公司組織用電檢查組嚴切取締竊電及強用電流等項實行以来阻碍多端雖收宏效現正研究改進中(三)年來經

商請中央造紙廠及第二十一、二十四、五十兵工廠等發電自給外將其餘電供給市用已著成效最近並由本府工務局派員調查本市區內各工廠自有發電設備情形與電力公司合作減少其負担已云云

二 國家總動員會議派定人員前來公司考核案

說明 九月八日本會談話會決議由公司呈請國家總動員會議早賜派員查賬核計實需成本一案茲接該會議九月二十七日代電略謂查對於渝市附近各項主要公營民營企業之考核本會議業經根據戰時公營私營企業請求調整價格或政府補貼考核辦法之規定逐准各

32

主管機關派定考核人員最近即可出發考核」云云

三 國家總動員會議電復前請核准四聯總處增加借款案

說明 貴會本會第三次會議決議呈請國家總動員會議懇請轉函四聯總處准將購儲器材油料借款增至四千萬元（原為二千五百萬元）全部資產抵押借款增至三千萬元（原為一千萬元）並請將前次增借透支款一千萬元與原借透支款二千萬元合併計算（即將透支改為三千萬元）前據該會議秘書處渝電累謂「查四聯總處已准展緩該公司還債期限所請加借各節應俟本會議會同經濟部及重慶市政府派員考核後再

行接辦之等語

討論事項

一 修換各用户接户线案

說明 查本公司用户接户线年久多已破舊為免發生意外起見亟應整理估計須預備五千萬元之接户材料應否徹底撤換請 討論

決議 緩辦

二 核銷員工用電電費案

說明 查三十二年度本公司員工用電曾轉入公司管理費用以示優待之意本年度八月份止是項電費共計貳拾五

萬九千壹百肆拾叁元捌角，可否仍转入管理费用，请

公决

决议 转入管理费用

三 员工缓役费用案

说明 查以前员工由公司代为申请缓役照像费及手续费概由公司负担，现员工约三百名须办理申请缓役手续，照像费每人三百五十六元四角，共需拾余万元，可否仍由公司负担，请 公决

决议 由公司负担

主席 刘航琛

重庆电力股份有限公司临时维持委员会第五次会议纪录（一九四四年十一月二日）　0219-2-324

重慶電力公司臨時維持委員會第五次會議紀錄

時間　三十三年十一月二日中午十二時

地點　本公司會議廳

出席

劉航琛

徐廣遲　劉最五代

康心如　浦代

浦心雅

胡仲實

列席 吴憶工程師錫瀛

黄科長大庸

主席 浦心雅

紀錄 張君鼎

討論事項

一、自十一月份起職工薪津依照七月份指數發給案

說明 本公司職工薪津調整辦法迭經董事會及

39

本會商討有案上月二十日董事會第八十三次會議決議「七月以前欠發薪工補發中秋節借支之半月加還以後無須經局（按指社會局）核定，俟政府對本公司補貼調整後再行補發」七月以後之薪工既係依照九月指數補發清楚，自本月份起應發薪工照七月份指數發給是否有當敬請

討論

二、社會局令自十月份起按照原定辦法根據物價指數實發薪津案

說明 社會局據本公司職工代表何寬學等之呈請

於十月三十一日訓令公司稱：「案據該公司職工代表何寬學等本年十月二十日呈，再懇轉飭公司當局自本年十月份起援照原定辦法每月根據物價指數實發薪津，俾維生活等情，前來，除批示外，合行令仰遵照辦理為要。」究應如何辦理，請

討論

決議：以上兩案合併討論，查七月以前應發欠發數目既已遵照該府核定補發清楚，所有八九十各月欠發指數，准由經理部份斟酌現金頭寸，分別補發，以後應照董事會議定原案辦理。

三、調整職工出勤津貼加班津貼藉工費交通費案

說明 本公司職工出勤津貼加班津貼及藉工費交通費等係於三十二年十月份修訂於三十三年五月份重行修訂 董事會原定每半年調整一次 現於十月已滿半年 事實上用膳乘車皆已漲價甚多 應請依照原規定照指數增漲情形比例核算重行修訂 查上次修訂時係根據三十二年三月份指數（二七九八九.五）為標準 現九月份指數為四九一三四.五 計增加二一一四五.五 約增加百分之七五.六 依照上列數字比例核算各項出勤津貼加班津貼及藉工費交通費等是否有當敬候

公決

決議：既係按照董事會議定原案辦理應准照辦

主席 浦心雅

重慶電力公司臨時維持委員會第六次會議紀錄

時間 三十三年十二月十四日下午二時

地點 本公司會議廳

出席 劉航琛 康心如 浦代 浦心雅 徐廣遲 劉聚五代

重庆电力股份有限公司临时维持委员会第六次会议纪录（一九四四年十二月十四日） 0219-2-324

列席 程協理本臧
吳總工程師錫瀛
主席 浦心雅
紀錄 張君鼎
討論事項
一、本公司發電廠管理股值班規則案
決議：通過
二、電力廠產業工會請提高技工待遇案
說明 電力廠產業工會以戰前技工待遇高於職員
目前職員待遇高於技工又技工與幫工待遇相同表

失競争心理函請公司提高技工待遇應如何辦理敬請　討論

決議：應仍照規定辦法辦理候董事會調整

三、電力廠產業工會請籌組從軍優待委員會案

說明　電力廠產業工會函稱公司員工響應從軍運動者不乏其人於個人公司國家爭光應籌組從軍優待委員會熱烈鼓勵以配合兵役行政究應如何辦理敬請　討論

四、学徒衛連根從軍應否給予補助費案

說明　第三廠学徒衛連根於十月十一日離廠投効

远征军该工工资应否照发敬请　讨论

决议：三四两案合并讨论拟定优待办法下次交议无

须另行组织从军优待委员会

主席　浦心雅

重庆电力股份有限公司临时维持委员会第七次会议纪录（一九四四年十二月二十八日） 0219-2-324

46

重慶電力公司臨時維持委員會第七次會議紀錄

時間 三十三年十二月二十八日下午二時

地點 本公司會議廳

出席 劉航琛 潘昌猷 徐廣遲 劉敷五代 浦心雅

列席：程協理本臧
吴總工程師錫瀛
主席：浦心雅
紀錄：張君鼎

討論事項

一、本公司各發電廠負荷均重擬請分區輪流停電案

説明 第一三兩廠機爐不勝負荷為維持機爐安全起見擬定分區輪流停電辦法分呈各主管機關請予核准尚未得復不得已自本月二十一日起暫照實行是否有當敬請

討論

決議：通過報董事會

二、三十三年度員工獎金貸金案

說明　以往每年終了之時公司給予職工二月薪津之獎金遇有盈餘之年另給紅酬去年改獎金為貸金另發薪工兩月之獎金以示酬勞本年度應否照發敬請

討論

決議：查照上年成案辦理並報董事會

三、本年度員工考績案

說明　本年度員工考績事宜曾印發員工考績表以期格外嚴密祗以各部主管迄未填報以致尚未核辦現

已將屆年終即使趕辦亦恐須明年一月間方能辦起，是已至下一年度，且須逐月補發，為數未必多而手續相當麻煩，擬即併入下一年度一併辦理，是否有當，敬請

討論

決議：併入明年度一併辦理

四、工友鄭銀洲請給補助費案

說明　供電組工友鄭銀洲於去年八月在兩路口接高壓電嚴總碰電受傷，雖經治癒，旋又復發，簽請退休另謀別業，經總務科核簽：「查與職工卹養規則不合，未便核議，但該工已在公司服務七年以上，不無微勞，今因舊傷不能繼

48

續工作情實可憫擬請准予酌給補助費以示體卹應
否補助敬請
討論
決議：准予退休另行特給補助費五萬元以示體卹

五、請算自來水公司欠費案
說明　自來水公司欠費一案曾於本年九月八日提請本
會第三次會議討論在案茲接潘昌猷先生函略謂在
「四月一日以前應照政府規定每度二元七角計算四月至九月
底每度應照五元計算十月份起照政府規定價格每度十
一元八角計算」應如何辦理敬請

討論

決議：仍照三十三年九月八日本會第三次會議決議「推康劉嵩三委員洽商解決辦法」辦理

主席 浦心雅

重庆电力股份有限公司临时维持委员会第八次会议纪录（一九四五年二月一日） 0219-2-324

50

重慶電力公司臨時維持委員會第八次會議紀錄

時間　三十四年二月一日下午三時

地點　本公司會議廳

出席人

康心如　劉航琛代

劉航琛

潘昌猷

徐廣遲

劉[illegible]代

列席　程協理本臧
主席　劉航琛
紀錄　張君鼎

討論事項

一、清算自來水公司欠費案

說明　自來水公司欠費一案曾於三十三年九月八日及同年十二月二十八日提交本會討論在案查本公司電力價格三十二年七月一日起每度為五元另加煤價調整費計三十二年十二月每度加調整費二角三十三年一月每度加四角五分三月每度加四元一角五月每度

加四元二角六月每度加六元零五分七月每度加六元一角十月每度加六元八角五分十一月每度加八元零五分另每度应附加电费六角而自来水公司要求在三十三年四月一日以前应照政府规定每度二元七角计算四月至九月每度应照五元计算十月份起照政府规定价格十一元八角计算究应如何办理敬请

讨论

决议 三十三年四月一日以前每度照二元七角计算三十三年四月一日起至九月底止每度照七元计算概不另收煤价调整费及附加电费三十三年十月一日起电价煤价调整

费及附加航空兵工用电一例计算

主席 刘航琛

重庆电力股份有限公司业务会报纪录（一九四四年三月十三日）　0219-2-86

重慶電力公司業務會報紀錄

時間　三十三年三月十三日下午一時

地點　本公司會議廳

出席　程協理　吳總工程師　劉希孟　夏賦初

　　　余克稷　劉靜之　楊新民　劉佩雄

　　　盛澤閭　劉澤民　宋達金　陳景嵐

　　　秦亞雄　吳克斌　陶丕顯　黃大庸

　　　劉伊九

主席　程協理

紀錄　張君彰

會報事項

一、接電費原爲五十元及一百元擬改爲三百元及六百元案

決議 通過

二、處理打銷劣煤二百六十噸案

決議 由總稽兩科於本週擬定辦法呈核

三、南岸辦事處工人宿舍購價八十萬元十四日正午立約成交

四、龍門浩各學校用電已告解決其餘各校繼續辦理中

五、縮短抄表製票收費時間案

決議 第一日抄表第二三日製票第四五日審核第六七日收費製出票據逐日送審逐月審查不得積壓如有特殊原因加以記載以明責任

4

六 去前两年職工考績案
決議 定本月底以前將考績表填明交經理室
七 第三廠自採取每七日輪流停電後負荷仍重應如何辦理案
決議 改每五日輪流停電一次由工務科擬定办法呈核
八 購置股預支款七百餘萬元案
決議 由購置股向會計科速為對賬清結
九 購置股無法購買之材料應如何辦理案
決議 在規定日期內不能購到者應由購置股即通知請領部份
十 煤船到岸時由用煤部份派員查看煤質案
決議 通過如煤質欠佳拒絕起卸
十一 職工用電其未裝表者速為查明以便設法裝置案
決議 通過
十二 出國實習人員起程之日應由主管部份通知人事股登記案
決議 通過

完

重庆电力股份有限公司第十五次业务会报纪录（一九四四年五月十六日） 0219-2-122

40

出閱之 羅民 五月廿三

重慶電力公司第十五次業務會報

時間：三十三年五月十六日下午四時

地點：總公司會議廳

出席：浦心雅 程本臧 吳錫瀛 易宗揆

朱達全 張進人 余克稷 黃大庸

吳克斌 陶丕顯 夏賦初 王道平

謝用剛 劉希孟 盛澤闓 劉佩雄

楊新民 劉澤民

主席：浦心雅

會報事項：

一、會表已提出一部份應如何審理案

（决定辦法）已提出者交業務科分批核驗彙報送會計科保存

隨用隨領

二、警察局函以火警停電流不斷有礙救火工作及人員安全定 月

發文電字第1060號

卅三年五月廿九日收到 內字第 號

日召集有關方面開會商討改善辦法案

（決定辦法）原函送工務科屆時派員出席

三、第一廠每日下午六時至十時負荷過重應如何調整案

（決定辦法）1.凡屬第一廠供電區域內（即「城區」「新市區」及「江北」三區）之工廠除兵工及需二十四小時繼續工作者應請提早上工每日下午六時前停工呈請市府登報公告并協助本公司檢查組每晚派員檢查如在下午六時以後尚在使用電力者一經查出照經濟部頒佈辦法予以懲罰

2.呈請主管機關將每安培准用十度減爲七度超過七度者不但其超過度數須加倍收費連准用之七度一併加倍計算

3.呈請主管機關嚴禁電爐之使用及售賣一經查出即

41

予沒收

四 材料處理規則案

（決定辦法）由函係科室會商後呈總經理核定施行

五 本公司增資案

（決定辦法）電請經濟部迅賜核定後再行依法辦理

六 頭寸不夠周轉可否分兩次徵收電費案

（決定辦法）先就大用戶試行以月付電費十萬元以上者為標準

七 本公司三十三年度發債案

（決定辦法）仍請各單位主管人員速將表類翔實填好嚴封密送總經理親自計分核定絕對保守嚴密

八 本公司各部門工作應如何調整改進案

（決定辦法）1、各科室廠當工作在橫的方面應密切聯系，並科與諸科事項應限期辦竣，由各單位主管人負其責任

2、工務業務兩科尤應通力合作，線路方面應如何調整及關係如何聯系，由總工程師負責調度

九、材料清查案

（決定辦法）由總經理指派人員澈底清查

十、員工福利案

（決定辦法）1、總經理在公司高級人員中指調一人專任福利社社長，一經指定不得辭謝推諉

2、先就福利委員會規則所定各項逐步舉辦，其已舉辦者應即由福利社接管

重庆电力股份有限公司第十六次业务会报纪录（一九四四年五月二十三日） 0219-2-86

49

33 發文電字第1095號

重慶電力公司第十六次業務會報

時間 三十三年五月二十三日下午三時

地點 總公司會議廳

出席 浦心雅 程本臧 吳錫瀛 黃大庸 劉靜之
張玠 陶丕顯 易宗樸 宗達金 劉伊凡
吳克斌 余克稷 董毓庚 夏斌祁 王道平
謝用剛 劉希孟 盛澤閭 劉峰民 劉佩雄
楊新民

主席 總經理浦心雅

會報事項

一、化龍橋電化冶煉廠自備之二〇〇kva變壓器一座因該廠停工，擬往棊口附近用户借該廠变压器接電者為本公司在該處另装变压器一座後該廠仍須用電灯時是

各廠向冶鍊廠及其他用戶徵收補助費案

（決定辦法）一概不收補助費

二、本公司營業章程案

（決定辦法）總協理核閱後即提請董事會審查再呈部存

備案并油印分發各單位

三、中央電工器材廠黃桷埡轉綫補助費迄未交付現中央

銀行在該處亦須用電本公司轉綫即須改裝擬即乘

此案付補助費以資清結案

（決定辦法）照辦

四、三十兵工廠請裝變壓器及電表案

（決定辦法）工務科江北辦事處洽辦

五、軍委會技術研究室之變壓器因無適當裝置致在前次

50

雷雨時燒毀未為要求装置避雷器以維安全究應如何辦理案

（决定辦法）此種設備國内不能製造已向英訂購一俟寄到即為装置

六、侍從室黄山警衛損毀電桿三根案

（决定辦法）已呈軍委會辦公廳請予查辦

七、本公司領用物品限制辦法業經油印分送各單位請签註意見俾照修正呈核公佈實施案

（决定辦法）各單位無意見呈核後即公佈實行

八、本公司員工對於今年来之辦理情形有欠明瞭今後應如何改善案

（决定办法）1. 请总经理指派人员澈查以往办理情形

奉批："着查明澈查"

2. 加派或更调人员办理食米之领发事宜

（奉批："福利委员会办"）

3. 仿照验收材料办法由每单位指定数人轮流参加验收

4. 米票由总务股发放，发饷时补发

（奉批："通知各单位准定报"）

（奉批："可"）

5. 所有食米进出帐目应逐月公布以昭大信

（奉批："照办"）

6. 加强并改善福利社组织，并请总经理迅派专人负责主持员工食米之代购分配诸事，应为福利社改组后之中心工作

重庆电力股份有限公司第十七次业务会报纪录（一九四四年五月三十日） 0219-2-86

重慶電力公司第十七次業務會報

時間 卅三年五月卅日下午三時

地點 總公司會議室

出席 浦心雅 程本臧 吴錫瀛 黄大庸 劉靜之
張琦 陶丞頤 易宗樸 宋達宣 吴克斌
余克稷 董毓虎 夏斌彬 王道平 謝雨剛
劉希孟 盛澤周 劉澤民 劉佩雄 楊世盛

主席 總經理浦心雅

會報事項

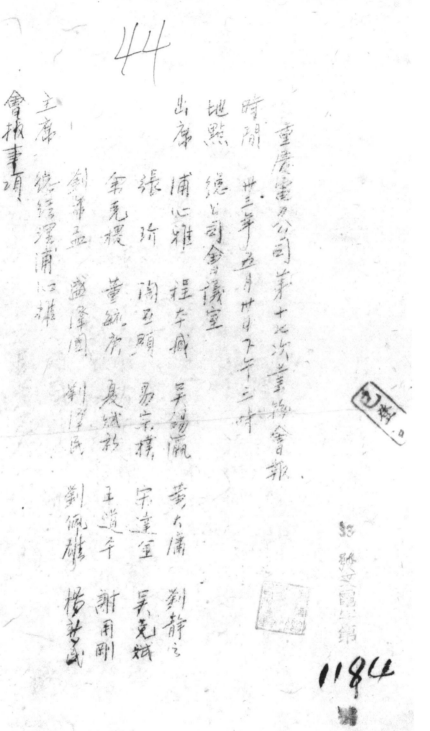

一、関於石米須蒙結曇石符一案除由稽核股撤查
中小蘇查未到大汽滸之廿担係在江北下船時由員工
領取有帳可查未經現報者按吉之第一廠之友一百
餘石已陳請撤銷原案以往未報已在整理即[illegible]
侯
決定辦法
此後倘未之發現福利社已指派專人負責即妥撤
辦法從本改進稽核科仍應將撤查結果具報如無
弊端此次[illegible]聯名証告踰逾育信之會亦應負責
撤[illegible]撤查
二、江北[illegible]係向植物油料廠租用現該廠
要求收回自用究[illegible]如何辦理案
決定辦法
如有適合房屋或地皮可以購買俾可一勞永逸
由江西處就近留意
三、昭厚女路美大使館請裝電灯案

45

決定辦法

業務科照規定辦理其報并之鍾秉奎先生辭職

四　窃電者准其裝表現另由本部命檢查組員工而得獎

金則部份員工無薪工以外之根據似不必予以獎案

決定辦法

為審查顧利益計窃電者祇有准其裝表否則無法補

清查列舉理由請准窃電之限制電力用戶至檢查組

員工之獎金因是項職務為一般人所不願為且工作

不分晝夜至為勞苦應付窃户亦頗不易所得獎

金山康有限仍應維持原辦法

五、本公司前向交行抵押之銅线二萬呎之餘料方亟需用在即請即編預算提出案

決定辦法

由業務科將亟需數通知會計科編預算提出並得分期辦理以後此類事件關係材料科應隨時洽商進行並赴事機

六、材料處理規則案

決定辦法

即印發各級單位照辦每單位各發二份

七、线料領用後數量常有不符應如何改善案

決定辦法

今後發領线料除照磅外尚須量明呎度以便計核兼利驗收

八、本公司人員進退常不銜接應如何改善案

決定辦法

重庆电力股份有限公司第十八次业务会报纪录（一九四四年六月六日） 0219-2-86

重慶電力公司第十八次業務會報

時間：卅三年六月六日下午三時

地點：總公司會議廳

出席：浦心雅 程本臧 吳錫瀛 黃大庸 劉靜之

張 衍 陶丞顯 易宗樸 [illegible] 劉伊凡

吳克斌 李克儉 董毓康 謝用剛 劉希孟

盛[illegible] 劉[illegible] 劉佩雄 楊新民 陳[illegible]

吳斌初 王道平

主席 總經理浦心雅

[illegible]

會報事項

一、整理線路除由總工程師室之業務科合辦一節會同辦理外，因查組檢用電流者甚多，擬請用電檢查組派員協同辦理

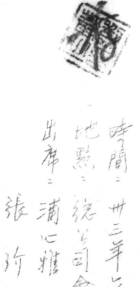

決定辦法

(1)如發覺有私用電流者即通知用電檢查組取締

(2)調整線路所需材料應由公司負担不向用戶收補助費

(二)領料單以後均請蓋章或簽字以資證別案

決定辦法

通知各單位照辦另得單簽收傳票與領料單同樣辦理

(三)材料處理規則案

決定辦法

速即發各單位

(四)江北辦事處新營業處人已交接情甚福利社本擬先通盤計劃呈經核定後即予逐步推行案

42

决定办法

照办

（五）本公司及所属各厂处壮丁调查案

决定办法

总务科汇述研究办法依法申请

（六）摊派乡镇公益储蓄案

决定办法

同盟胜利公债係以机关为对象，可由公司负责（认）缴。乡镇公益储蓄係以个人为对象，应由个人自理。保甲不能责成公司任机关以无重办必要，此精本各单位主管应与详加解释，商请依法按户劝缴。

（七）第二补训处未厂所装电表现须撤去后不允将来续运，惟已缴有押金究应如何办理案决定办法：

现已派員調查中俟調查報告送到如確係該處不允退還再備函婉商妥以便決定办理

（八）接户材料補貼費應定每月調整一次現有半年未加調整市價與公司議價相差懸殊今後如何改善案

决定办法

（1）应即清查存料以便適当補充

（2）每月应先将市價調查清楚并按月調整

（3）商请台電料行商按月報價

（4）公司定價应比市價略低

（九）第三電廠衛兵因燃煤與小工發生衝突幸已告解决實際上衛兵給資甚少可否一律撤回案

43

決定办法

(五)請衛戍司令部指示派兵防時即將駐廠衛兵撤回以後全廠警衛事宜完全改僱警士負責如有必要臨時僱請憲兵維持

(六)竟該單機關電表應依限制不許過戶實則暗中過戶者殊多以致新戶既可用電復可享受舊戶之優待現限制用電既係放寬此種限制辦法似可廢止俾普通用戶不能再向特權可增益公司收入

決定办法

照案办理

(七)最近發現各單位工友或各級有偽名冒領工餉情

本班如何防止案

决定办法

現已拟定制止办法並寄交主管人切實負責办理

（三）人事及機構调整案

决定办法

請總工程師商同協理先拟初步计划再行會商

重庆电力股份有限公司第十九次业务会报纪录（一九四四年六月十三日） 0219-2-86

重慶電力公司第十九次業務會報

時間 卅三年六月十三日下午三時

地點 總公司會議廳

出席 浦心雅 程本臧 吳錫瀛 黃大庸 劉靜之
張玠 陶丕顯 易宗樸 宋達金 吳克斌
余克稷 夏賦初 王道平 劉布孟 臧澤闓
劉澤民 劉佩雄 楊新民 陳景嵐

主席 總經理浦心雅

會報事項

一、保证書應请各单位依限填送案

（决定办法）

1.員工均須依照規定覓保并依限填送保证書惟各部份主管
經 総協理特許免保者不在此限
2.工友保证書多存各單位應一律彙送人事股

二.福利社已着手籌組中擬再通盤計劃案
(決定办法)按照法令規定分别趕办计劃逕呈 総協理核定施行
并先商同社會局办理

三.取締"不合規則之馬達裝置"及调整变压器案
(決定办法)
1.舊户緩办嗣后新電力用户之装置必須依照本公司營業章
程之規定方予接電
2.電灯用户装用变压器暂缓取締電力用户由用電檢查組檢
查取締

四.各單位擬用厨役案
(決定办法)

39

1. 各單位每一辦公地點以僱用廚役兩名為原則（一層職員部份

一層工友部份

2. 廚役待遇比照茶房并逕稱廚役不再襲稱小工等名義

3. 各單位即將廚役姓名報由總務科入冊登记轎班亦同（如有更換并應隨时通知總務科）惟仍分由各單位管理

五、各廠玻璃管均感缺乏英貨不易購買國貨耐久性甚弱对於發電影响甚大應如何救济案

（決定办法）

1. 本公司前向益達廠訂定玻璃管因同錫炉損毀未能如期交貨應由原洽定人進行交涉并隨时將结果通知各廠

2. 請程協理與工鑛調整處洽購

3. 函駐加尔各答代表龔夔麟代購運渝

4. 迅呈市府及经济部说明关係重要请予设法代購以清责任

六. 江北區銅线中央银行催緊甚急应如何办理案

（决定办法）

1. 由江北办事處逕與總務会计两科洽办

2. 令饬此類事項應由各單位切取横的联系随时商洽办理俾赴事机毋庸提出会報

七. 中央银行变压器以外货油不易購買坚请仍用國產植物油可否照办案

（决定办法）请中行用書面通知照用以後如发生燒毀情事本公司不負責任

八. 五十兵工廠近来電力甚弱经查发现其高压线曾陷入泥淖十餘日令饬应如何改善案

（决定办法）由公司經常派員檢查随时修理

40

九、第一第三電廠電費附加已超收七十餘萬元是否仍應續收案

（決定办法）公司賠累日甚此項工程將來并須拆遷暫仍照收

十、本公司工友前因隨同軍警檢查節約用電曾為江北羅姓軍官（防空部）拘留今後應如何改善案

（決定办法）應由業務科查明經過及真象依法呈请政府办理

十一、業務科派往沙坪壩信差汽車費稽核科否准報銷應如何办理案

（決定办法）

1.今後小件及次要文件一律改用郵寄

2.各單位應送文件無論遠近一律送由總務科彙寄或彙送

3.信差茶房等工役一律改隸總務科

4.各類文件應否郵寄或专差送遞及彙（寄）送之技術問題由總務科

速拟妥善办法执行

十二．缴收变压器補助费案

（决定办法）

1.凡耗电力用户一律缴收百分之七十之補助费

2.收费標準由总务科按月平均计算并通知業务科

3.本案并另正式通知各单位

十三．缴收幹线補助费案

（决定办法）

1.除电力部份照收外电灯部份凡在五安培以上者亦照收幹线補助费

2.本案并前条由主管部份详加修正補列入營業章程

十四．工友发薪凭证请明白規定案

（决定办法）工友发薪暂以一律缴驗身份证為原则如无身份证者即以调查表為核发凭证（本月份上期工资在调查表未送齐前姑准以五人联名证明经主管核签之凭单核发）

重庆电力股份有限公司第二十次业务会报纪录（一九四四年六月二十日） 0219-2-86

重慶電力公司第廿次業務會報

時間 卅三年六月二十日上午九時

地點 總公司會議廳

出席 浦心雅 程本臧 吳錫瀛 張玠 陶鼎頤
易宗樸 宋達全 劉伊凡 吳克斌 金先耀
楊穀民 夏斌禮 王道平 謝周則 劉希益
盛澤闓 劉澤民 劉佩雄 陳景胤

主席 總經理浦心雅

會報事項

一、請領材料清發辦法

各部份材料单如主管離職時得由值班工程人員簽蓋日報表列出須按月送各單位主管核章

二、工務局計劃城廂新市區江北各工廠之用電時間將重行規定凡不遵照規定者經查出後第一次停電三天第二次即予撤表處分并擬於取締有効負荷確已减低後即行開放電燈分令各廠通知擬交由公司代送并登報公告惟廣告費須由公司負担

決定辦法

靜候該府實行廣告費可由公司負担

三、該府現擬另組竹椊堤自來水公司將來電力負荷必有鉅量增加應否事先準備案

決定辦法

俟有成議并向公司正式請求時再行辦理

四、工役十名聯保不易可否通融為五人聯保案

重庆电力股份有限公司第二十一次业务会报纪录（一九四四年六月二十七日） 0219-2-122

董長閱 七月七日

重慶電力公司第二十一次業務會報

時間：三十三年六月二十七日

地點：總公司會議廳

出席：程本臧 吳錫瀛 姜賦衍 劉靜之 張玲

宋達璽 易宗璞 余克穰 陶季顗 劉伊凡

臧慕蘭 劉佩雄 劉希岳 陳景嵐

28

主席：程協理本臧

會報事項

一、發放工資前經規定憑身份證及職工會表發給有無困難應予加檢討案

（決定辦法）

1. 以後發放工資務須將職工會表隨同帶往發領地點以免無身份證者不能領餉

267

又、茲校工須時常有遠近出動者，請修工友私人代管者，准備單式派動單，其該項單據應由總務科造製，發各單位。

五、合作外動員工應發給服務證一種，由總務科與福利社會辦。

六、此次重發證章時應核對調查表及照片，按名照發。

二、為用戶電表近多損壞如何修理案

（決定辦法）

由校長先行整理，再與中央工業試驗所及金陵大學附屬工廠接洽代修。

三、海棠溪一帶高壓綫斷落於低壓綫上，致損壞電表不少，應即整理案

27

（决定办法）

所有供电线路均应彻底检查整理，以策安全

四、接户线久未整理绝缘多损，公司材料不齐或有而散置各处

领用甚难，收获整理工作应如何改进案

（决定办法）

1、前业务科历次所请购之接户材料，闻市上无货

或有货而适公司运输不灵，未能购齐，应再由业务科

尚感急需补充材料单与购委会及购置股接洽办理

2、材料应由股库存表按月抄送总工程师存查

库存材料不合必需者，应分析有无为难不合事宜集

中一处，随时注意，商定由总工程师随时查致

负责应即照旧维持为要

五、材料管理规则已公布，应切实实施案

（决定办法）

该规则所订各项手续，应督饬各主管单位切实应用

33

33 發文電字第 1444 號

中華民國卅三年七月六日發出

重慶電力公司第廿二次會報

時間 卅三年七月四日下午三時

地點 總公司會議廳

出席 程本臧 吳錫瀛 劉靜之 蔡玠 黃大庸
陶丕顯 袁斌彬 宋達全 余克稷 劉伊凡
劉佩雄 劉澤民 易宗樸 盛澤圜 劉若益
陳崇嵐 楊新民

主席 程協理本臧

會報事項

一、存昆水泵請迅設法運渝濟用案

（決定辦法） 分別電請工礦調整處西南區辦事處及中央電工器材廠從速運渝

二、第三厰與沙辦處傳遞每日進城支領飯費案

（決定辦法）1、第三厰與沙辦處離總公司較遠每日往返厰處與公司間之傳遞准自下月起月支飯費津貼由總務科擬定呈核本月內仍照舊辦理他處傳遞並不得援例

2、第三厰與沙辦處公用傳遞一名仍由總務科管理

三、辦公時間案

（決定辦法）去年夏季辦公時間午膳後休息四小時至爲不便本年擬仿照銀行辦法每日上午八時起至下午四時止各厰辦公時間則不變動

重庆电力股份有限公司第二十三次业务会报纪录（一九四四年七月十一日） 0219-2-86

交本科各股閱後歸[illegible]

重慶電力公司第廿三次業務會報

時間 卅三年七月十一日下午二時

地點 總公司會議廳

出席 程本臧 張玠 黃大庸 陶孟頤 夏[illegible]

宋達全 余克稷 刘伊凡 刘佩雄 刘澤民

易宗模 刘希孟 陳景崑 楊新民

主席 程總理本臧

會報事項

一、江北辦事處房屋案

決定辦法 由總務科會同陳主任景崑速與鐵工廠

二、南岸黃桷埡新市場放綫案

決定辦法　候各用戶經市政府核准後再辦

三、材料處理規則第九條擬請改為「各部份需用材料時須填領料單註明用途經各部主管核准再向庫房領取，庫房須據以作成日報表，次晨送各部主管核簽後送總工程師總協理核閱蓋章方能送會計科做賬」是否有當請予決案

決定辦法

照規則第九條凡各單位領取材料規定應送總協理或總工程師核准始能照發據各單位主管人意見以地域窵遠如每項物料均須先送總公司核定不但往返需時且稍有羈延即誤事機所擬修正條文似切需要且更可加重各單位主管人之職責，擬予照准報會

37

四、本公司與用户如因電表快慢問題發生爭議時應如何辦理案

決定辦法 1、電表以公司自行校驗為原則

2、萬一發生爭執時可由公司會同用户送請中央工業社試驗所嚴校，惟費用應由用户負擔並應事先洽明

五、總公司定期放映巡迴電影案

決定辦法 1、總公司及各單位放映日期已擬定應分別通知

2、放映隊人員由各單位招待晚飯宿處

重庆电力股份有限公司第二十四次业务会报纪录（一九四四年七月十八日） 0219-2-86

重慶電力公司第廿四次業務會報紀錄

電字第 1575 號

中華民國卅三年七月廿五日發出

時間 三十三年七月十八日下午二時

地點 總公司會議廳

出席 程本臧 黄大庸 張玠 謝丕頤

余克稷 吕宗樸 劉希孟 劉澤民

陳景嵐 楊新民 袁贈初

主席 程協理本臧

會報事項

一 員工家屬請求應即辦理但因工友種類不同，容易凌亂，應如何辦理案

（決定辦法）由人事股簽請會計處通知各單位儘先主管轉知并協助辦理，務於本月底前填繳表遞補社

並注意內容趣味

二、今後會報時間改至每星期二上午九時舉行請注意屆時出席案

（決定辦法）照辦

三、福利社基金案

（決定辦法）照原定數額及標準由福利社速與會計科洽撥並議擬定中心工作提出推行

四、公司員工尚有大部份未經申請證後若影響工作甚鉅應如何辦理案

（決定辦法）請總務科從速辦理

五、收購電表之差額問題應如何找補轉帳案

（決定辦法）由業務會計兩科詳細研討呈核公布施行

六、收費股每月銷案數應如何轉帳案

（決定辦法）仍由業務會計兩科擬定辦法呈核施行

七 中國興業公司現裝表者，均已燒毀，因該公司用電材達六千五百萬元，應如何辦理案

（決定辦法）向敵償款，另為換裝三相一百安培電表，併通知其分佈用電。

八 中國植物油廠鐵工廠請增加電力，改裝三相五十安培電表，應否照辦理

（決定辦法）簽請經理核辦

九 榨油廠新水馬達，其電流係通過電表所引接用，應否由公司換裝案

（決定辦法）水位漲落不定，公司代裝勢必增加甚多麻煩，仍由該公司自行辦理

十 寄電費款如何劃賬案

（決定辦法）照規定劃賬

存七、六

重庆电力公司第廿五次业务会报

时间：三十三年七月廿五日上午九时三十分

地点：总公司会议厅

出席　程本臧　吴锡瀛　黄大庸　陶至显　宋达金

余克稷　刘宗模　刘伯民　刘希孟　刘佩雄

刘静民　陈景嵩　夏赋初　章晓钦

主席　程协理本臧

会报事项

一、植杆放线迭因器材缺乏多有延误民众纷起责难应如何设法解决案

（决定办法）

已登记

中华民国卅三年七月廿八日发出

发文第1620号

1、關於查勘線路事工務科接業務科通知後應在三天內查勘竣事復知業務科

2、關於材料估價請事總務科接川工務科通知後應於二日內辦竣并即分知業工兩科

3、倘係器材缺乏不能照辦時總務科應通知原由通知業務科俾即轉告用戶或退費

二、申請併敷原有加綫方棚兩個業已燒壞一個再具修理費其餘由請領數不滿擬由公司另為裝按兩個算將原方棚退回案

（決定　科長照辦）

（完）

重庆电力股份有限公司第二十七次业务会报纪录（一九四四年八月八日） 0219-2-86

重慶電力公司第二十六次業務會報

時間：三十三年八月八日上午九時

地點：總公司會議廳

出席：程本臧 吳錫瀛 宋達全 余克稷 章曉敷

劉靜之 吳克斌 劉伊凡 陶丕顯 劉佩雄

劉澤民 豫景嵐 彭宗棣 劉希孟 盛澤蘭

夏賦初 王道平

主席：程協理本臧

會報事項

一 接綫工作仍甚遲緩用户羣起責難應如何改善案

（决定办法）工務業務總務三科負責人及副保股長於會報後詳加會商切實改進并報下次會報

二、中國興業公司發表決案

（决定办法）仍照第二十五次會報決定辦法辦理

三、合作社已由福利社正式接收存品應如何分配案

（决定办法）由福利社擬定辦法

四、眷屬調查表仍有多數職工尚未填送應如何催辦案

（决定办法）未填送調查表者停發米貼

（完）

26

重慶電力公司第二十八次業務會報

時間：卅三年八月廿五日上午九時

地點：總公司會議廳

出席：程本臧　吳錫瀛　宋達全　余克稷
章畴叙　劉靜之　吳克斌　劉伊凡
陶丞頴　易宗樸　劉希孟　盛澤閭
劉澤民　劉佩雄　陈景崑　楊新民
夏斌彬

主席　程協理本臧

會報事項

一、廿一兵工廠業經承允每晚發電三百瓩供給江北城區惟須裝置全套兩付高壓表一付案

（決定辦法）由工務業務兩科分別照辦

二、第三廠向水泥廠及第二十五廠借用之輕便鋼軌應即歸還案

（決定辦法）由總務科辦理

重庆电力股份有限公司第二十九次业务会报纪录（一九四四年八月二十六日）　0219-2-86

25

重慶電力公司第廿九次業務會報

時間：三十三年八月廿六日上午九時

地點：總公司會議室

出席：程本臧　吳錫瀛　張玠　余克稷

陶鎔顗　劉靜之　吳克斌　劉伊凡

劉澤民　劉佩雄　陳景鳳　易宗樸

劉希孟　盛澤潤　楊新民

主席：程協理本臧

會報事項

一、二厂煤荒影响营业甚巨请即设法救济案

（决定办法）由总务科速设法运济

二、乡镇公益储蓄案

（决定办法）分别婉谢

[illegible] 八 六 四

重慶電力公司第卅次業務會報

時間：卅三年九月五日上午十一時

地點：總公司會議廳

出席：程本臧　劉靜之　吳克斌　黃大庸　劉伊凡　張琦　余克稷　章畸叙　陶在顯　奚斌初　王道平　楊新民　劉佩雄　劉澤民　陳景嵐　劉希孟　盛澤闓

主席：程協理本臧

會報事項

一、八月份麩粉登記已逾限期擬即定期自由銷售又員工眷屬調查表各單位尚未送齊致碍福利工作案

（決定辦法）1.未經登記麩粉即行定期自由銷售

2.眷屬調查表應請各單位在本月中旬以前報齊俾利登記工作而免以後糾紛

二、變壓器補助費究應如何收取請明白規定以昭劃一案

中華民國卅三年九月廿六日

收文電字第01879號

21 15

（決定辦法）1.用戶接用已裝之變壓器每開維愛照一百開維愛變壓器之每開維愛價格（連油）之七折收取補助費，新裝專用之變壓器照該器之最近價格（連油）之七折收取補助費。

乙.器材價格由總務科每月調整一次，通知業務科及三辦事處以便作照收費。

三、請函國庫總庫駐庫審計分照普通辦法驗收器材後始能發款俾利領款案

（決定辦法）由會計科開具詳細現況及理由送總務科備函業

四、歷年濫賬如何處理案

（決定辦法）先由業務科按年度清算提出送請董事會核議

五.辦公時間議定案

（決定辦法）每日上午八時至十二時，下午一時至五時，自下星期一（本月十日）起實行

六、自來水公司欠賬案

（決定辦法）提交星期維持委員會解決

存 陳[illegible] 九月[illegible]

重庆电力股份有限公司第三十一次业务会报纪录（一九四四年九月十二日） 0219-2-122

7

重慶電力公司三十一次業務會報

時間：卅三年九月十二日下午二時

地點：總公司會議廳

出席：程本臧 吳錫瀛 黃大庸 劉伊凡 張鈞 余克稷 章嘯叔 陶丕歟 劉澤民 陳景嵐 劉佩雄 盛澤闌 夏斌初 王道平 楊新民

主席：程協理本臧

會報事項

一、九月份食米已與民食供應處洽妥照案先撥，惟職工眷屬及身份証名冊彙報在即，茲已分送調查表式，請如限彙送案

（決定辦法）照案辦理，如限送齊

二、南岸過江電話线請速修理案

（決定辦法）請總務科迅速籌料修理

卅三年九月十三日 發

三、二厂用煤请速解决案
（决定办法）宝源煤已呈报请电一存煤提经协委员会另定处置办法
四、近来装灯限制已不甚严拟请正式开放案
（决定办法）提经协委员会决定
五、南岸办事处整修房屋案
（决定办法）组务科速派员估勘
六、职工待遇究应如何调整请各抒意见案
（决定办法）应请经协委员会从速决定不宜拖延

[illegible]　九月十日

8

重慶電力公司第三十二次業務會報紀錄

時間：三十三年九月十九日下午二時

地點：總公司會議廳

出席：程本臧 吳錫瀛 黃大庸

吳克斌 宋達金 陳景嵐

盛澤閭 劉佩雄 易宗樸

夏賦初 張進人 陶丕顯

主席：程協理本臧

會報事項

一、十月一日為中秋節應於下月初發給之九月下半月工人薪工提前於九月底前發出其各廠處工資表冊應於本月二十六日前送到公司以便提辦發放手續案

（決定辦法）照案辦理務限送寄

二、職員臨時出勤津貼及技工因公乘坐公共汽車費用經主管核章者轉核科審核附如有疑問先與主管人洽商辦理其無法解決者送經理室核辦案

[illegible] 九月廿日

9

（決定辦法）照辦

三、近來第一廠負荷過重擬由五十兵工廠放綫經唐家沱與現有江北綫路聯接俾江北一部份電流可由五十廠供給案

（決定辦法）由工務科查勘估計擬定計劃送核

重庆电力股份有限公司第三十三次业务会报纪录（一九四四年九月二十六日） 0219-2-86

6

重慶電力公司第三十三次業務會報紀錄

時間 三十三年九月二十六日上午十一時

地點 本公司會議廳

出席 程協理 吳錫瀛 董李甫 宋達全

盛澤閩 劉澤民 余克稷 易宗樸

劉佩雄 陳景嵐 劉希孟 章疇叙

張玠 吳克斌 王道平 夏燚炳

劉伊凡 黃大庸 楊新民

主席 程協理

討論事項

一、業務科張科長報告法院檢察官侍詢都郵街行人觸電致死案經過並建議（一）聘請法律顧問逐日到公司辦公（二）交換全市接戶線俾符合規定標

準案

（决定辦法）由主管拟具计划程请临时组织委员会讨论

二、上龍门浩至黄桷垭及海棠溪至四公里由地方上自行敷设路灯线拟用一股八號裸铜线免险堪实应如何改良案

（决定辦法）呈请工務局核辦

三、福利社依促迭送来册案

（决定辦法）查照尚未迭送者直接依辦

存

九月卅

重庆电力股份有限公司第三十四次业务会报纪录（一九四四年十月三日）　0219-2-86

5

重慶電力公司第三十四次業務會報紀錄

時間　卅三年十月三日上午十一時

地點　本公司会議廳

出席　程協理　吳錫瀛　夏斌楊　宋達全

易宗樸　劉希孟　余克稷　劉佩雄

劉澤民　吳克斌　楊新民　陳景嵐

陶丕顯　王道平　劉伊凡　盛澤閎

劉靜之

主席　程協理

會報事項

一、吳總工程師提議現在各廠存煤逐漸用罄第三廠已到隨起隨用之地步煤荒問題又復發生，應

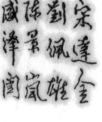

如何救济案

（决定办法）此次煤气全受宝源突变影响该公司毫无信用拟请燃管处函结嘉[illegible]以代替资源而免再闹煤荒

二、业务科提议对于表没接线转告电流用户应如何取缔案

（决定办法）由业务科及三办事处斟酌情形办理如有纠纷时交由取缔组办理

三、福利社提议应务股代扣米款于扣到后即拨交福利社运用案

（决定办法）照办

存档

二月七、

重庆电力股份有限公司第三十七次业务会报纪录（一九四四年十月三十一日） 0219-2-122

存

重慶電力公司第三十七次業務會報紀錄

時間 卅三年十月卅一日中午十二時

地點 本公司会議廳

出席 浦總經理 吳總工程师 張進人 宋達全
章曦叙 劉佩雄 劉靜之 易宗樸
劉伊凡 陳景嵐 黄大庸 余克稷
劉希孟 夏斌杨 錢健夫 劉澤民
王道平 吳克斌

主席 浦總經理 紀錄 張君鼎

會報事項

一 会计科程议材料记账员调回公司集中辦公案

（決定辦法）一、劉一材料名称及单位由资料长即商吳總工程师決定实施

（截至本年七月底之材料清查结果应即与帐面核对有差错应即查明由会计科即辦[illegible]設由稽核科经常或随时派员清查或抽查 三、材料帐员可调回会计科集中

No 2259

中華民國卅三年十一月叁日

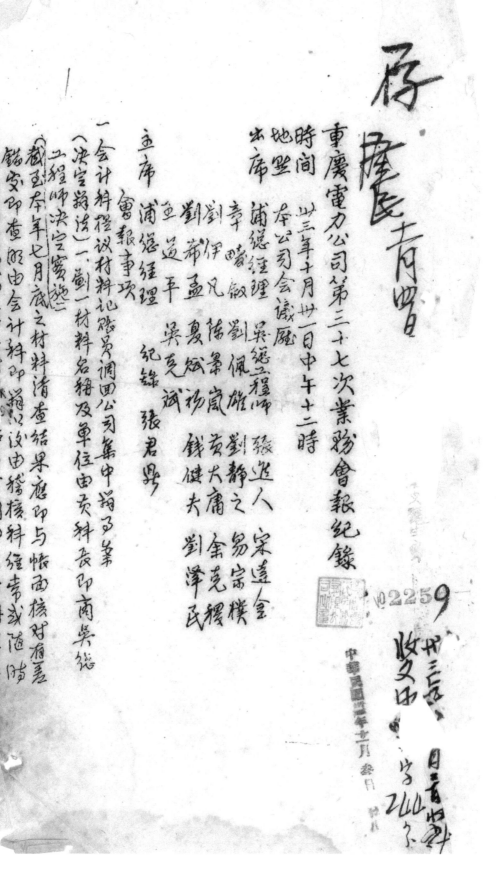

1-1

二、办理渝鑫钢铁厂等降低安压以[illegible]电压以适合该厂自用电案

（决定办法）拒绝此种办法并设法阻止

三、上半夜绝对禁止工厂用电案

（决定办法）由检查组派主任邀请市政府所派职员二人随时出动检查区域除画定第一厂供电区域外并印呈请政府准予适用于第二三厂供电区域

四、通知用户并登报公告用户付给电费务须使用支票请者

函致第[illegible]重庆电力公司案

（决定办法）照办

五、江北办事处房屋借用期间至明年六月为止应如何办理案

（决定办法）先寻觅适当房屋或地皮再行洽租或筹

六、过境军队强驻江北办事处内应如何应付案

（决定办法）由徐主任景岚相机应付请其迁让

七、民食供应处核减本公司员工食米案

（决定办法）由杨社长新民商承刘经理办理

八、本公司工程人员报名投效经济部主办赴美实习者

计有十六人应如何保送案

（决定办法）由公司保送六名以年资最久学历最深及地位较高者为标准

2

九、在办公时间以外用户电话询问公务或发生火警紧急措置颇多不便公司及各厂处应派定值班人员守候电话呈报公告案

（决定办法）总务科咨各部分部洽定呈报

十、恢复轮流停电办法经济部批回遵向市府申请案

（决定办法）再呈市府

十一、由本公司总工程师主持召开技术工程会议每月至少一次案

（决定办法）照办

十二、关于账目材料应由稽核科派员经常查核或随时抽查案

（决定办法）照办

重庆电力股份有限公司第三十八次业务会报纪录（一九四四年十一月十四日） 0219-2-86

3

重慶電力公司第三十八次業務會報紀錄

時間：三十三年十一月十四日上午十一時

地點：本公司會議室

出席：程協理 夏賦初 陶丕顯
章畴叙 吴克斌 宋達全
劉佩雄 余克稷 陳景嵐
張進人 黄大庸 浦承爵
盛澤閶 劉静之 楊新民

主席：程協理

紀錄：張君鼎

會報事項

一、中國勞動學會擬在第三廠開辦勞工補習學校分高初兩級所有費用書籍均由該會負擔本公司僅供給教室一間惟第三廠尚無適當房屋應如何應付案

（決定辦法）以無教室後之

二、發生火警後火警區域之供電辦法由吳總工程師會同工業兩科擬定辦法案

（決定辦法）照辦

存

十一月廿二日

4

三、近来燃煤質量均有問題應如何辦理案
（決定辦法）呈報燃管處設法改進
四、業務科請調員二人補充收費職務案
（決定辦法）俟本届維持委員會決定
五、抗戰損失調查一事應如何填報案
（決定辦法）仍由統計股彙辦

重庆电力股份有限公司一九四五年度业务会报纪录（一九四五年） 0219-2-181、0219-2-120

重慶電力公司業務會報紀錄

時間：三十四年三月二十日正午

地點：本公司會議廳

出席：程協理 吳總工程師 陶玉頭 黃大庸

劉希孟 易宗樸 劉佩雄 秦典雄

戚澤圖 陳景嵐 余克稷 劉澤民

劉伊凡 張進人 楊新民 夏賦初

宋達全

主席：程協理

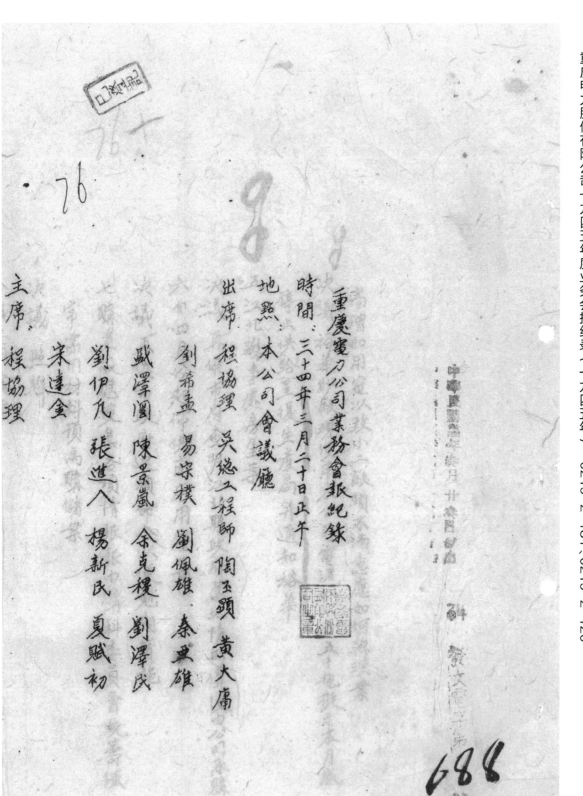

紀錄 張君影

會報事項

一、接管費原為五十元者擬改為五百元原為一百元者擬改為一千元案

決議 俟總经理核定後再通知各部份

二、第二廠十九日晚間用煤欠佳停供第一二路後仍感困難應如何辦理案

決議 向有關方面交涉

三、第一廠請建築工人宿舍案

決議 研究後再議

四、南岸常常停供一二兩路電流晚間六時至十時并派員查禁工廠用電小工廠遵照辦理而大工廠以電壓昇

高增加用電以致小工廠頗不滿意應如何辦理案

決議 裕華紗廠現使用本公司電流約一百五十瓩擬于本月底停止供給呈復生產局并通知裕華

五 江北辦事處房屋案

決議 再催市府查明江北縣政府舊址情形俾便由公司承購

六 自四月份起停供商店用電案

決議 再催市政府速頒命令以便赶期實施

七 購置股應搜集各項情報由購料委員會統籌經常需用材料預為購儲案

決議 照辦

八 職工用電案

決議 三十三年度職工用電賬應速了結三十四年度用電由人事股與票據股核對職工名冊隨時轉賬

主席

存查 四、廿

中華民國卅四年四月廿壹日發出

34 收文字第　號 四月廿一日

34 發文電字第992號

重慶電力公司業務会報紀錄

時間 卅四年四月十七日下午三時

地點 本公司会議廳

出席 程協理 吳總工程師 吳克斌 易宗模
徐景嵐 劉希孟 張道人 張儒修
金克耀 劉國澤 劉伊凡 劉佩雄
秦亞雄 夏筱初 楊新民 陶丕顯
王遠平

主席 程協理　紀錄 張君鼎

会報事項

一、城區三天輪流停電一次案
決議 電請主管機關從速核示

二、各廠煤質均壞應如何補救案
決議 煤質太壞則增加煤耗減少發電度數應呈報軍

41

三、改换阅并登报呼吁
以往提米稽延日久而米价又涨本月份由主席去
派员协助提米既迅速而验米公允应予以嘉奖案
决议 对两派之人给予津贴并存转人员由福利
社查明呈核

四、中国生产促进会函请将本公司员工名册及需要
日用物品数量填交该会以便汇办经济部核发案
决议 由福利社洽办

五、中央干部学校请将原装该校100KVA方棚送还
又三全代会将于五月五日开会请自四月廿五日起
至五月底止改善该校灯光案
决议 请指定由何处拨移100KVA方棚一具借
给会场用电

主席

重慶電力公司業務會報紀錄

時間 三十四年五月一日正午

地點 本公司會議廳

出席 浦總經理 程協理 吳總工程師 張進八 劉希孟 吳斌初 楊新民 陳景嵐 劉澤民 吳克斌 張儒修 韋曉叙 秦亜雄 劉佩雄 陶亞顥 劉伊九 王道平 黄大庸

主席 浦總經理

紀錄 張君影

會報事項

一、三十兵工廠請將裝弹子石廠方棚移裝苐溪影响弹子石其他用户用電應如何辦理案

決議：由南岸辦事處妥洽合理解決

二、四月份抄見度数照新電價製票收費案

決議：照辦

三、黨政軍機關電燈電價仍照原價八折計算案

決議：所称黨政軍機關辦公地點為限宿舍及事業機關不在内

發文電字第11號

先將此項原則報請市府備案

四、二三月份公司虧損應如何補救案

決議：照請求加價各件所列數字計算虧損數字加上去年年終虧損一併請求政府補貼，備文向市府及生產局申請

五、四月份煤價調整費應提早收費案

決議：照辦，二三兩月尚未收齊之調整費亦應儘量收取

六、電一煤超過限價之成本應按月如數計算煤價調整費案

決議：照辦

七、黨政軍機關及學校電燈用電是否照收煤價調整費案

決議：照收

八、城區晚間用電三天輪流停電案

決議：由總工程師擬定輪流停電秩序表再呈市府核定

九、遷建修建兩工程附加費應否停收案

決議：自五月份起停收

十、公司所用煤商逕行洽商如何改善煤質案

決議：總科即洽辦並登報徵購

十一、大渡口放線工程限四十天完工所需材料從速購置案

決議：速照辦

存卷 五、七

38

十二、江北辦事處請領材料案
決議：逕向總務科洽辦
十三、昆明中央電工器材廠方棚四具從速設法運渝案
決議：速請運處託交行代運
十四、請生產局代為定製方棚二十五具以應要需案
決議：即備文申請
十五、增加保押金案
決議：由業務科擬定增加數額送核并先由工務局鄧科長面洽
十六、用戶室外電線時常被竊應如何辦理案
決議：仍由用戶備料公司派工裝修其有特殊情形者由經理室決定處理辦法
十七、三廠工人八五十餘人於此次領取工資時發現薪金袋所列數目與廠方所造工資表數目不符合計相差五萬餘元應如何辦理案
決議：交稽核科澈查報核

40

十八、以後發工資時由庶務股稽核科及廠房造冊人員會同發付案

決議：照辦

十九、社會局管轄下之挑煤力伕遇有調整工資時不必補發案

決議：照辦

廿、用電檢查組定期普查竊電自即日起以〇十日為期查完一屆或數屆時即由該組與工業兩科會商解決辦法送核案

決議：照辦

廿一、用電檢查組應支臨時出勤津貼應以何辦理案

決議：由張副組長簽核

廿二、暑期辦公時間以何規定案

決議：辦公時間不改，鐘錶撥快一小時

主席　浦心雅

存卷

重慶電力公司業務會報紀錄

時間：三十四年五月八日正午

地點：本公司會議廳

出席：程協理 吴總工程師 張儒修 劉希孟 張進入 劉伊凡
宋達金 余克稷 吴克斌 王道丕 劉佩雄 劉澤民
夏賦初 陳景嵐 董幸甫 秦亜雄

主席：程協理

紀錄：張君彪

會報事項

一、先將新電價函知兵工署以便收費案

決議：照辦（煤價調整費俟煤價標準决定後另案通知）

二、二三兩月份補收煤價調整費及四月份新電價應從速收取以應支付案

決議：業科速辦

三、補製二三兩月份煤價調整費據票及將來尚須加製四月份補收煤價調整費票據工作繁劇票據股同仁每日下班後須加二三小時請酌給奬金案

決議：由業務科簽請核示

四、大東書局擬將大佛寺方棚移裝龍門浩用電案

38

決議：應請大東書局速自備方棚一具在未裝置以前暫由龍門浩方棚供電以一月為限由南處進行洽辦

五、四月份食米欠佳致尚有二百餘担未領第三廠員工建議公司所員工各認一半損失由公司另購好米百餘担平均配搭分發並建議以後提米時請民食供應處分開龍門浩黃角堡等處提單交由各部份逕向倉庫或米廠洽提案

決議：由福利社簽請核示

六、大渡口放綫工程所需臨時工無法由各部份抽調應如何辦理案

決議：無法抽調祇得添雇臨時工

七、向生產局社會局說明在六全代會及此後期間如煤質欠佳煤量不足及挑起煤力夫不夠因而影響肯發電公司不負任何責任案

決議：備文說明

八、用電檢查組臨時出勤津貼應否照業務科抄表員收費員支給案

決議：照業務科抄表收費人員之支領辦法辦理

主席 程本藏

重慶電力公司業務會報紀錄

時間　三十四年五月十五日正午

地點　本公司会议廳

出席　程協理　吳總工程師　劉靜之　張延人　夏斌初
張儒修　劉希孟　陈景嵐　余克稷　劉澤民
楊新民　劉佩雄　秦亞雄　章疇叙　吳克斌
宋進全　陶丕顯　劉伊凡

主席　程協理

紀錄　張君鼎

會報事項

一、四月份未領食米二百餘石如何辦理案

決議　應速解決可即召開福利委員会報告經過由各委員分別向職工解释自動退領

二、煤质欠佳水份太多之煤船應拒絕起卸案

37

决議　可辦

三、常電補費應如何计算

决议　照政府法规辦理

四、江辦安房屋案

决议　由陳主任景嵐嬐商展期一面積極進行購買房屋或地皮

五、三廠需一分及一分半鉄板案

决議　總務科速照購

六、南辦處需高壓令克保險丝等應如何辦理案

决议　设法購置

七、此廠方棚一具不許撤出如何辦理案

决议　由劉主任告趙廠長面洽

八、沙坪壩兩具方棚负荷已滿如何應付案

决议　不装新户

九、答復用户各項詢問案

决議　廠房及线路障碍发生时由主管部份分别通知有関部份及經理室

主席

重慶電力公司業務會報紀錄

時間：三十四年五月二十二日下午一時

地點：本公司會議廳

出席：程協理 吳總工程師 劉靜之 劉伊九 張儒修
劉希孟 余克稷 劉澤民 劉佩雄 陳景嵐
陶立頭 秦亞雄 易宗模 張進人

主席：程協理

紀錄：張君彬

會報事項

一、城區三天輪流停電一次，未獲市府允許，惟默許本公司得臨時緊急處置，停供一路或兩路電流案

決議 暫照以辦理

二 糧食部及龍次長公館無表用電案

決議 應另裝表

三 中心學校無表用電案

決議 應為裝表惟須取具舖保

四 特價電燈應一律重查如有請求特價待遇者應先查明再奪案

決議 照辦並由稽查股負調查之責

五 南岸辦事處保坎坍塌應即修復以利行人案

決議 由總務科派員查勘購料修建

主席 程本臧

36

存卷

重慶電力公司業務會報紀錄

時間 三十四年五月廿九日正午

地點 本公司會議廳

出席 程協理 吳總工程師 夏斌初 陶丕顯 張進八 章疇叙
張儒修 劉希孟 陳景嵐 秦亞雄 錢健夫 余克稷
吳克斌 易宗樸 宋達金 楊新民 劉伊凡

主席 程協理

紀錄 張君影

會報事項

一、華一村美軍之官住宅用電案

決議 應在十日內辦竣

二、查獲巴中校竊電案

決議 應分別裝表

35

三、檢查人員於非辦公時間內須出勤檢查工廠用電似應領津貼案

決議　由檢查組簽請總協理核定

四、江北城區上半夜幾無日有電應設法改善案

決議　由工務科計劃改善

五、於每日下午七時至十時派工駐七星崗管制該處開関案

決議　照辦

六、自六月份起職員薪津改發劃綫支票案

決議　照辦

七、大溪溝公役工資由庶務股派員往發以免荒廢工作案

決議　照辦

八、福利社擬定職工子弟借貸教育金案

決議　修正陳請總協理核定

主席　程本藏

存卷 六七

中華民國卅四年六月七日

34 收文沙電字第 號

發文電字第11883號

重慶電力公司業務會報紀錄

時間 三十四年六月五日正午

地點 本公司會議廳

出席 程協理 吳總工程師 張儒修 吳克斌 楊新民 劉伊凡 陶立顯 夏斌初 秦亞雄 陳景嵐 劉澤民 余克稷 宋達金 張進入 易崇模

主席 程協理

紀錄 張君影

會報事項

一 中央造紙廠拒絕本公司撤回變壓器及電表案

決議 應約請張覺人張劍鳴及生產局代表等會商解決辦法

33

二、江北需用變流機案
決議 應速定製
三、三廠需用鐵板製造炭車案
決議 設法搜購
四、以後各主管部份須用綫路材料須經總工程師或宋科長達全核定以利統籌案
決議 照辦
五、材料股須補充人員案
決議 由總工程師就學徒中遴選補充

主席 程本臧

重慶電力公司業務會報紀錄

時間、三十四年六月十二日正午

地點、本公司會議廳

出席、程協理 吳總工程師 劉靜之 易宗樸 劉希孟 孫儒修
余克稷 劉佩雄 陳景嵐 秦亞雄 章曉叙 張進人
陶杰頤 劉澤民 夏斌初 劉伊凡

主席 程協理

紀錄 張君鼎

會報事項

一、巴中校未裝電表各户共約有電灯一百餘盞由聯合辦事處派員接洽統办一表案

決議 勉允照辦

二、巴中校程副總長辦公處要求裝表案

決議 照辦

三、憲警機關及官兵住宅之已自行接綫用電者應如何解決案

決議 機關辦公處所可先為裝表報市府備查，官兵住宅派員向其主管長官面洽如係普通市民用電由總協理斟酌情形核定辦理

四、三辦事處將所轄電力用户之用電量通知用戶檢查組以便檢查點

中華民國卅四年六月拾叁日發出 34 發文電字第1544號

34 收文沙電字第__號

31

存卷 六、十四

量用電案

決議 照辦

五、總務科速購修理電表材料將壞表從速修理以濟要需案

決議 照辦

六、南辦處請不撤五百KVA方棚案

決議 先商中央紙廠折回所借方棚

七、江北區上半夜經常無電用户不滿應如何應付案

決議 由檢查組取締之廠上半夜用電俾可供給江北

八、申請接價人手續應如何辦理以期迅速案

決議 由稽查股查明後經理室批辦不必提交業務會報

九、以後申請用電之文件均送請總工程師會章案

決議 照辦

十、預防霍亂注射案

決議 速購疫苗注射

十一、大溪溝廠房銅鋼印引撤除案

決議 照辦

十二、是否繼續照扣福利基金案

決議 繼續照扣擴大福利業務範圍舉辦人之婚喪疾病無息貸款

各單位選派代表協助福利社工作

重慶電力公司業務會報紀錄

時間：卅四年六月十九日正午　地點：本公司會議廳

出席：程協理　吳總工程師　張進人　夏熾初　張儒修
楊新民　劉希孟　宋蓮舍　吳克斌　劉佩雄
余克稷　劉澤民　陳景嵐　章曉叙　秦亞雄
陶丕顯　易宗樸　孟遠平　劉伊凡

主席　程協理　紀錄　張居興

會報事項

一、渝鑫鋼鐵廠於本年裝用方棚時曾貸給本公司六千元整，於電費內分期扣還，茲查未按期照扣，應如何辦理案

決議　查明後照數償還

二、總務科將煤價、駁江費、起力等隨時分別通知三廠，以

30

便计算发电成本案

决议 照办

二、总务科将本公司计算应收煤价调整费数字随时分别通知用户及三办事处以便收取发动用户之电费案

决议 照办

四、南岸办事处员工拟就近打防疫针案

决议 照办

五、沙坪坝用户拟请求公司一律改用一万三千伏电压供电案

决议 婉拒

六、用户服需用接户材料案

决议 可开请领单交由总务科办理

七、卫戍总司令部在捍卫新村用电不肯付补助费案

决议 先予放线装表

出席

存卷 七、七

七月七日

34收文沙電字第1542號

34·發文電字第1829號

重慶電力公司業務會報紀錄

時間：三十四年七月三日正午

地點：本公司會議廳

中華民國卅四年七月六日發出

出席：程協理 吳總工程師 劉希孟 張儒修 夏斌初
劉佩雄 張進之 章曙欽 余克稷 秦亞雄
陳景嵐 易宗模 陶丕顯 宋遠金 劉伊九

主席 程協理

紀錄 張君影

會報事項

一、各國駐華使館及軍部對於本公司不能按期收樸價調整費頗多誤會應由公司備函說明案

29

決議 照辦

二、新蜀報請求自化龍橋遷移台泉街使用電力案

決議 照辦

三、江北城區電灯用電量不足一〇〇KVA應請供給案

決議 儘量設法供給

四、中央紙廠裝用本公司電表是否撤回案

決議 工總兩科即查明具報

五、捍衛新村自行植桿十三根竊電案

決議 明日上午八時由宋科長派工人協助用電檢查組拔回

六、憲兵学校打米廠竊電案

決議 由張組長商請憲兵主管令自行停用

出席 程本臧

重慶電力公司業務會報紀錄

時間 三十四年七月十一日正午

地點 本公司會議廳

出席 程協理 劉佩雄 夏賦初 吳克斌
張進人 劉希孟 張儒修 劉澤民
余克稷 章晴叔 陳景嵐 陶丕顯

主席 程協理

紀錄 張君昺

會報事項

一、學校共學校之宿舍頗雜分別收費可否一律照特價優待案

決議 照辦

二、華安煤礦所交之煤質地不佳擬不續訂案

決議 照辦

三、追償一年竊電賠費應以一年電價平均敖計

算案
决議　照辦
四、用户如有妄動随即清结該户電費案
決議　照辦
五、去年窃電用户有十四家已賠費要求装表應如何辦理案
決議　代向工務局申請
六、江北辦事處需要地皮案
決議　登報征求

主席

石體元

28

存卷

中華民國卅四年八月叁日 發出
34收文沙電字第 號
發文電字第2105號

重慶電力公司業務會報紀錄

時間 三十四年七月廿四日正午

地點 本公司會議廳

出席 浦總經理 吳總工程師 劉佩雄 劉靜之
陳景崴 張進人 劉希孟 童晴叔 劉伊凡
楊新民 宋達金 劉澤民 吳克斌 陶亞顯
夏驄力 易崇樸 張儒修

主席 浦總經理

紀錄 張君鼎

會報事項

一、此次招考會計業務見習生應注意事項案

決議 （一）筆試與面試并重
（二）以考試成績優劣爲取捨標準
（三）名額分配 業務科十人 會計科四人 總務科二人 第一廠一人

24

四、另備取生若干个

二、對于不付電費并無法剪火撤表用户應如何辦理案

決議 簽請經理室核辦

三、江北辦事處地皮案

決議 由車主任覓妥地點報請核辦

四、本公司薪工燃煤及工程上急需材料需款至急應加緊收費以應開支案

決議 照辦

五、中國興業公司請增加五百KW用電案

決議 由工務科簽復

六、福利社為衆人服務難期周到非常時期為柴米油鹽而忙更難應付希望轉知各同事予以諒解案

決議 無異議

七、工務員升為副工程師案

決議：(一)大學畢業服務本公司兩年以上而有成績者

(二)現任工務員而非大學畢業者可參加政府舉辦之文官考試考試合格者本公司照升為副工程師或工程師

(三)工務員與工程師所任工作應有差別

25

八、第一廠需用天府煤案
決議　由總務科向煤焦管理處申請增加配額
九、總務科會同稽核科派員往各廠處清理廢料案
決議　請各主管轉告各主办人員知照
十、第三廠借用鋼軌業經另製新件備还案
決議　以新鋼軌抵还
十一、華安欠煤一百餘噸竟成煤荒應於本月底交足一千六百餘噸應如何办理案
決議　催請照交
十二、清查大溪溝一帶竊電案
決議　由檢查組先照職工名冊前往清查整理再定期前往剪除竊電

主席　浦心雅

存卷 公司

重慶電力公司業務會報紀錄

時間 三十四年七月三十一日正午

地點 本公司會議廳

出席 浦總經理 吳總工程師 張進人 劉希孟

秦亞雄 陳景嵐 張儒脩 劉佩雄

余克稷 吳克斌 劉濬民 易宗樸

陶丕顯 夏魁初 劉伊凡 宋達全

王道平

主席 浦總經理

紀錄 張君鼎

34收文字第 號

26

會報事項

一、各部份應切取聯繫案
決議　主管部份應與聯繫部份密切聯絡切忌由上
而下又由下而上多費時間
二、總工程師権責案
決議　参酌其他公司辦法規定總工程師権責程董
事会核定
三、關於工程上應討論之問題應如何辦理案
決議　由總工程師隨時召集工程人員商討
四、華新煉油廠請在不增加用電量原則下改單相綫
路爲三相綫路案
決議　照辦
五、節約用電案
決議　遵照政府規定由業務科負責辦理并同時檢
查用戶内綫以策安全
六、超用電流案

決議　由用電檢查組會同工業兩科辦理以檢查組爲召集人，但遇用户之復手續由檢查組先與工務科接洽照章辦理後通知業務科，後次

七、巡廻校表案

決議　照章舉辦

八、加强用電檢查組業務及人事案

決議　(一)檢查集團竊電同時(二)分組按户輪流檢查(三)調借補充人員，務期於此次辦個澈底

九、南辦處急需合克渊洞角鐵木桿案

決議　速予籌置

十、急需材料款項，如需提前籌撥案

決議　由會計科照辦

十一、南辦處請補技工案

決議　由總工程師查明全公司技工小工分配情形統

27

[illegible]調價

十二、各廠經常臨時工細綫揀選除揀選夾石案

決議（一）原則決定給加工資加入煤價調整費計算

（二）照煤價調整費計算表另立賬目以備查考

十三、劉、孟位澤民報告第三廠近況案

決議 重要事項另案簽報

十四、小工升幫工案

決議 考績結果書面通知

主席

重慶電力公司業務會報紀錄

時間 卅四年八月七日正午　地點 本公司會議廳

出席 吳總工程師 劉靜之 楊新民 張儒修 宋達全
易宗樸 劉伊凡 余克稷 劉希孟 王道平
章嘯叔 張進八 秦亞雄 陶丕鈞 劉佩雄
吳克斌

主席 吳總工程師　紀錄 張君愚

會報事項

一、楊社長新民請辭福利社職務負責維持至本月底案

決議 由楊社長逕向總經理申請

二、職工用電之未裝表者遇用電檢查組派員檢查竊電時應如何懲罰案

決议 由經理室通告各單位轉告各職工遇見檢查人員查詢時將身份證福利社配給證及證章交驗

三、職工子弟入學貸金全額應斟酌各中學收費情形提高數額案

決議 建议職工福利委員會酌辦

四、第二廠請撥炸煤案

中華民國卅四年八月拾壹日發出

發文電字第 2169 號

23

决议 照上次会报决定组织拣选队选煤

五、本二厂煤质太差汽压低至一百四十磅汽温跌至四百度两星期内停电四次而又不能不勉强开车以致配件磨损过甚应如何办理案

决议 选用好煤请筹配件

六、高工毕业学生入本公司作工务工作者其待遇应比照高中毕业学生入本公司者职员待遇办法其薪金不应相同但津贴应相同案

决议 查照签注核定

七、筹买大溪沟唐姓地皮应注意五项案

决议 应请按照四至界址并注意街房五间地皮上碛石情形洽议地价

主席 吴锡瀛

存卷 八、五

存卷

重慶電力公司業務會報紀錄

時間：三十四年八月十四日正午

地點：本公司會議廳

出席：浦總經理 劉靜之 陶亞頵 劉希孟 夏賦初 劉佩雄 車疇叔 楊新民 劉畢民 張儒修 錢偉夫 董季甫 秦亞雄 宋達全 吳紹之 程師 陳景嵐 余克樓 張進人 王道平

主席：浦總經理

紀錄：張君鼎

會報事項

一、董副科長報告向唐姓洽購大溪溝地皮經過情形案

決議：戰事結束，地價下跌，既未成交，停止進行。

二、第三廠離市區較遠，職員薪津不發支票，改發現鈔案

決議：照辦，其他廠處不得援例。

三、以後發放工資，掉換現鈔由出納股負責，并注意存款銀行信用案

發文電字第2194號

中華民國卅四年八月拾五日發出

收文字第586號

八月十五日

決議：照辦

四、新到公司服務者及尚未繳驗身份證之職工應於本月底前將本人及家屬身份證送由福利社糧食供應處查驗以憑領米案

決議：照辦

五、人事股印發職工報到須知有關福利事項由福利社彙集送人事股編製案

決議：照辦

六、用電檢查組調補辦事人員案

決議：儘先調用，如不足用另行招考，但可以新人向各科處掉用舊人，以資熟手案

決議：照辦

七、二十一廠在本公司所架高壓電表後接線供給用戶電流應如何辦理案

決議：由總工程師約集二十一廠江西處業務科會商決定交換書面雙方遵守

21

八、盟友社私設線路用電案

決議 照章取締由用電檢查組執行

九、第一廠保護設備用之沙箱撤除以沙鋪路木料退材料股案

決議 照辦

十、修理第一廠房屋案

決議 招商估計

十一、撤除南處防空洞木架案

決議 照辦

十二、劉主任報告警衛旅在清水溪窃用高壓電流以致傷斃某廠工人三名案

決議 分報有關機關

十三、觀音岩方棚棧撤應由超用電流廠家照方棚新價按超用馬達匹數計算賠费案

決議 照辦約計賠费六十餘万元

主席 浦心雅

中華民國卅四年八月廿貳日發出弘秘文字第601號

八月廿三

發文電字第2269號

重慶電力公司業務會報紀錄

時間 卅四年八月廿一日上午 地點 本公司會議廳

出席 程代總經理 吳總工程師 張玠 張緒傳

劉靜之 劉佩雄 余克稷 易宗模

劉澤民 陳景嵐 秦西疇 宗蓮金 楊新民

董辛甫 劉希孟 陶西顯 劉伊凡

主席 程代總經理 紀錄 張君鼎

會報事項

一、工務處習生期滿改支津貼案

決議 總工程師核簽

二、南岸第一號電線路隨時停電用戶請求改善案

決議 酌配天府煤觔以改善供應

三、第一廠衛警酌調數名至第二廠守衛案

决议 照办

四、事假津贴照往年成案办理案

决议 照办

五、职工在饭厅赌博案

决议 由经理室通告严厉禁止违者开除情节重大并送警局法办

六、严禁在办公室内剃头擦皮鞋赤膊睡眠及其他不规则之行动案

决议 由经理室通告纠正禁止并由各主管随时督导

主席 [illegible]

存卷

中華民國 年八月卅日發出

34

發文電字第[illegible]號

重慶電力公司業務會報紀錄

時間：三十四年八月廿八日正午

地點：本公司會議室

出席：程總經理 吳錫之 程仰 劉靜之 余克稷 劉澤民 易宗模
宋達金 劉伊凡 劉佩雄 陳景嵐 秦亞雄 章疇叙
陶丕顯 張儒修 張進人

主席：程總經理　紀錄：陶偉雲

會報事項

一、木桿用盡無法工作案

決議：從速購買

二、公司全部資產應澈底盤查俾得一確切數字案

18

(一)先行將定設新村及新橋庫房材料搬回第一廠其堆存地點由陶科長會同吳科長易科長洽勘擇定并修之第一廠鍋炉房屋頂

(二)由各單位造送各單位資產表再由經理室派員複查

三、劉科長提請各廠各辦事處迅速造補四五月份工人薪津冊以便結帳而免久懸案

決議 照辦

冉亦慶

中華民國卅四年九月五日發出

[illegible]字第62[illegible]號

34 發文電字第2369號

重慶電力公司業務會報紀錄

時間 三十四年九月四日正午

地點 本公司會議廳

出席 程總經理 吳總工程師 張進人
劉希孟 陳景嵐 秦亞雄
劉澤民 余克稷 易宗樸
陶丕顯 劉伊凡 張儒修

主席 程總經理

紀錄 張君鼎

會報事項

一、此次大水為災受難員工請求借支薪工案

決議 先行登記經派員調查屬實後得借支一

18

個月薪五分六個月初還

二、劉主任報告第二廠煤栈被淹煤船無法靠岸被迫停電經過情形案

三、陶科長報告各廠缺煤情形及向煤焦管理處接洽搶運煤觔濟急經過案

四、令明两夜應禁止米廠用電案

決議 分别通知各米廠

主席 石[illegible]九[illegible]

中華民國卅四年九月拾貳日發出

發文電字第 34 號

九月十二日

2410

重慶電力公司業務會報紀錄

時間　三十四年九月十一日下午

地點　本公司會議廳

出席：程總經理　吳總工程師　劉靜之　劉希孟　劉伊凡
陶玉顯　秦更雄　章疇敘　劉佩雄　楊新民
吳克斌　宋達金　劉澤民　易宗樸　余克稷

主席　程總經理　紀錄　張君鼎

會報事項

一、第二廠煤質太壞無法維持正常電壓應如何改善案

決議：由第一廠撥支一部份寶源煤

二、公司應收未收電費達○億以上應如何辦理案

決議　由業務科加緊催收日報表應逐日送經理室

三、三十二年七月至三十三年六月及三十三年七月至三十四年六月止

人不請假奬金應如何發給案
決議：由總務科查照舊案通知各部份造表
四、江北辦事處屋主請本公司承購該處房屋案
決議：總務科洽辦
五、應如何防止電費呆賬及竊電表案
決議：一、催請工務局從速批准增加保押金
二、業務科應注意欠費用戶並隨時通知各辦事處
三、速辦收費用戶具保
六、學徒成績應升補工案
決議：年底再議
七、撤除第一廠沙箱
決議：招商承包以撤除之沙填塞防空洞
八、防空洞木欖交由職工子弟學校撤去改用案
決議：照辦

16

存

九、十七

17

九、非川籍職工請假回籍案

決議 由人事股擬定辦法送核。

十、福利社經貸入学貸金婚喪疾病貸金水災貸金應何限制案

決議 以除入学貸金外借款未扣清以前不能再借第二種

以已離職員工之未清貸金應向其担保人追償人有關部份應切取聯系

主席 程本臧

三十四年九月十八日業務會報紀錄

地點　總公司會議室

時間　九月十八日正午十二時

出席人　程總經理　劉伊九　張進人　張萬楷　章疇敘
劉希孟　吳錫瀛　劉佩雄　劉澤民　楊新民
宋達金　余克稷　易宗樸　吳克斌　陶丕顯
劉靜之　秦亞雄

主席　程總經理

紀錄　董毓庚

報告事項

15

（一）楊主任報告本公司八月份食米接紅沙磧倉庫主任來信，俟運到負責提前撥發

（二）劉主任希垂報告二廠存天府煤斤收情形轉好

決議事項

（一）職工八九兩月食米如在九月底尚未發出十月份繼續來款

存卷 姚 九廿

重慶電力公司業務會報紀錄

時間　三十四年九月二十五日正午

地點　本公司會議室

出席　程代總經理　吳總工程師

楊新民　宋達全　吳克斌　劉佩雄

余克稷　張禹楷　劉希孟　秦亞雄

章疇叙　劉澤民　易宗樸　張進人

陶丕顕　董毓庚

主席　程代總經理　紀錄　閻偉雲

一　福利社楊社長報告近來支出各職工医药水災

14

及予弟入學借款達九百餘萬元應請有關部份

容取連繫以免借款不能如數扣還案

決議　應扣借款由福利社於每月十日以前造冊送交

庶務股

六、稽核科積壓單據久不審核無法做帳案

決議　請稽核科迅為審核

主席

十六

存 十の

中華民國卅年拾月叁日發出

34 發文電字第 2541 號

十月の日 34 收文业電字第 4 號

重慶電力公司業務會報

時間 三十の年十月二日正午

地點 本公司會議室

出席 程代總經理 吴總工程師 陶丕顯 張進人 張萬楷 韋驥叙 陳景嵐 董杢甫 吴克斌 劉佩雄 劉伊九 秦亚雄

主席 程代總經理

一、紅砂磧變壓器燒燬用户責難無法應付案

決議 1. 工務科將燒燬日期及修理情形告知業務科及江北處

2. 總務科速購備變壓器油二桶

二、江北城區全日停電收取底度電費受用户質問案

13

決議 廿一兵工廠發電後江北供給可望改善

三、購買江北傅姓地皮接洽經過案

決議 先調查適當價格再估計房屋造價提請董事會核定

四、變壓器補助費如何收取案

決議 總務科照生產局材料總庫每KVA價格通知業務科及三辦事處

五、野貓溪方棚燒毀無法供電案

決議 照第一案辦理

六、一三兩廠存煤因冬船運不濟隨即有停電之虞案

決議 約集有關機關說明配購及交不足額情形並迅籌補救辦法

重慶電力公司業務會報紀錄

時間：三十四年十月九日正午

地點：本公司會議室

出席：程代總經理 吳總工程師 張進之 張禹楷
陳景嵐 吳克斌 秦忠雄 劉佩雄 楊新民
宋達金 張嘯修 董彥甫 劉伊九

主席 程代總經理

紀錄 張君彬

會報事項

一、由總務科將最近物價通知業務科及三辦事處

決議：照辦

12

二、第二厂上半夜负荷过重，时时停电办法案

决议：星期一、二、三晚停第二路，星期四、五、六晚停第四路，星期夜停第一路

三、自愿往军人员退伍归来应否追加放续案

决议：缓议

四、大佛寺卅五工厂将本公司所装375 KVA方棚拆走，另行自借100 KVA方棚案

决议：交由刘主任商洽归还

五、公司现金周转极感困难应如何设法维持案

决议：积极催收大户积欠电费

主席 程本臧

存卷 [illegible] 十、十二

重慶電力公司業務會報紀錄

時間 卅四年十月廿三日正午

地點 本公司會議廳

出席 程總經理 黄大庸 劉靜之 張儒修 劉希孟

張進人 秦亞雄 章疇叙 陳景嵐 董辛甫

宋達金 易宗樸 張萬楷 楊新民 劉伊凡

主席 程總經理 紀錄 張君鼎

一、新保押金已登報公告俟收據齊備即開始收取案

決議 照辦

二、電表補助費即停止收取案

決議 照辦并通知有関各科處

三、桿线補助費已收而未施工者用户請求停止用電

時補助費應退還其已施工而未用電者扣除折卸工程費用及材料損失費二成餘數應照退案

決議 由業務科簽擬退核

四、八九兩月份食米發清十月份食米應否提取案

決議 應照提發在十一月份薪津內扣款

五、第二廠職員所領薪津之劃綫支票取現困難請改發現鈔案

決議 俟下月發薪時再議一面具呈財政部請轉飭中央銀行准許公司領取現鈔發給煤力薪水工資

主席

存查 十、十三

重慶電力公司業務會報紀錄

時間 三十四年十月三十一日正午

地點 本公司會議廳

出席 程總經理 吳總工程師 張進八 章疇叙 劉希孟 張萬楷 秦亞雄 宋達金 吳克斌 陳景嵐 張儒修 劉佩雄 黃大庸 劉靜之 陶五顯 湯新民

主席 程總經理

紀錄 張君影

會報事項

一、電表補助費停收後用戶自備電表照政府核定押金數額由公司收購其不願照辦者俟公司有電表時再為安裝案

决議 照辦

二、専用變壓器之裝置拆卸改裝遷移等費用應由用戶負担案

決議 照辦

三、江北區域在每日下午六時後即停電各工廠紛紛向辦事處請求改善應如何辦理案

決議 請各〻廠家逕向生產局申請

四、禁止市民使用輕便燈泡案

決議 呈請市府轉飭警察局辦理

五、大溪溝廠房應加修葺案

決議 由總務科辦理

六、大楊社長報告十月份食米已接洽提到後始售未要并說明福利社辦事困難情形案

一～六兩項議案請

中堅兄錄存

十、五、

决議 召集福利委員會討論

七、普查電表時請用戶股派員參加以利工作案

决議 照辦

八、信義街衛戍部特約米廠窃電案

决議 代辦報裝手續并報市府備案

九、劉主任報告南岸燒毀变壓器八九具挪移小龍坎变壓器以供給野貓溪用電經過案

十、用戶欠費數月而又拆表逃走以後向外開訂裝電表

10

時請加刻重慶電力公司數字以資識別而便清查案

決議　照辦

十二、陶科長報告十一月份天府煤增加一千噸又冬季儲煤一千噸費需煤款而增加案

主席　桂本臧

重慶電力公司業務會報紀錄

時間：三十四年十一月六日正午

地點：本公司會議廳

出席：程總經理 吳總工程師 張進人 劉靜之 劉伊凡
劉希孟 秦亞雄 韋疇叙 陳景凱 吳克斌 劉佩雄
宋達全 易宗模 張萬楷 陶至頤 楊新民 張儒修

主席 程總經理

紀錄 張君鼎

會報事項

一、信義街衛戍部米廠電表以近日停電尚未檢驗案

決議：夜間應予檢驗

二、在櫃台上辦理用戶退費請從速審核案

8

決議 原案核人員瑞峯退職後尚未覓妥接替人員曾有遲滯現象今後應予改善

三、軍政部第一被服廠欠費六百餘萬元現由市府批准該廠用電應如何辦理案

決議 將欠費情形呈請市府核辦

四、大溪灣唐姓地皮應付中資人為數甚鉅如何支付請總經理予以考慮案

決議 照辦

五、唐姓地皮及如何劃分使用案

決議 俟買賣確定後各主管會商決定

六、路灯有意見開用者應如何辦理案

決議 隨時電話通知工務局第二科

七、航委會中央情報所竊電案

決議 在電信局及廣播電台內分裝小變壓器各一具取消低壓綫以免竊用

八、白玫瑰及國際舞廳自行添放綫路用電案

決議 剪除

主席 程本臧

存卷 十一.十五.

重慶電力公司業務會報紀錄

時間：三十四年十一月十三日正午

地点：本公司會議室

出席：程總經理　吳總工程師　劉靜之

黃大庸　張進人　劉伊凡

秦亞雄　董莘甫　易宗樸

張萬楷　劉希孟　楊新民

宋達金　吳克斌　劉佩雄

陳景嵐　章疇叙

主席：程總經理

紀錄：張君鼎

會報事項

一、保押金退費手續办清其收據應附傳票

決議：照办

二、劉主任報告處理海棠溪用户誤會經過案

三、注意選購優良煤觔案

決議：通過

四、向二十四廠貸電轉供案

決議：(甲)貸電損失約百分之二十擬請政府併入煤價調整費計算(乙)應付貸電費用請兵工署就本公司應收各兵工廠電費劃撥轉賬

五、江北稽查處警察局以冬防在迩請供給路灯及用戶電灯案

決議：俟大渡口通電後再議

六、第一廠供電區域除分區輪流停電外如遇臨時須加停時每星期一、二、三停第二路四、五、六停第四路並派工駐新民報館以便管制通遠門令克案

決議：照办並通知有關部份

七、美軍總部出售吉普車每輛美金二百元本公司應向洽購數輛案

決議：照办

中華民國三十四年十二月廿四日發出

發文業字第2886號

收文字第1615號

青廿二

重慶電力公司業務會報紀錄

時間：三十四年十一月二十日正午

地點：本公司會議廳

出席：程總經理　吳總工程師　劉希孟　劉伊凡　劉靜之

易宗樸　童時叙　宋達全　秦丕雄　陳景嵐

張萬楷　楊新民　董幸甫　吳克斌　任緒德

主席　程總經理

紀錄　張君影

會報事項

一、第一廠每晚如臨時停電流時每逢星期一、三停第二路，四、五、六停供第四路應呈報公告并呈報市府備案

決議　照辦

二、十月份食米即將发清請庶務股代扣米款十一月份食米應否繼續提取案

6

決議　照提照付

三　福利社應否歸存食鹽轉供員工食用案

決議　先購存一個月食鹽

四　福利金於本月十五日起改存川康銀行利息照該行放款利率計算案

決議　無異議

五　劉科長說明整理核股辦理電費票據程序及清查積壓兩天票據經過案

決議　加緊整票核票收費以應開支

六　自來水公司及水泥公司等欠費案

決議　不付費應不負供電之責事關公司生存不宜顧忌應即報請政府設法

主席　程本臧

存卷　[illegible]

重慶電力公司業務會議紀錄

時間：三十四年十一月二十七日正午

地点：本公司會議廳

出席：程総经理 吳総工程師 張進之 張萬楷 劉希孟
劉佩雄 秦亞雄 宋達金 陳景嵐 易宗模
楊新民 吳克斌 董季甫 伍綿德 劉静之
劉伊凡

主席 程総经理

紀錄 張君影

會計事項

一、新保押金收據現改用不定額空白单據臨時填寫金額規定用墨水筆及複寫紙複寫三張仍由総務科編号會計科保管登記發票存根及通知单事後送稽核科審核案

決議 照辦并通知有關各部份

二、第二廠近日修理鍋炉一部需用好煤案
決議 由總務科撥交天府煤
三、南岸辦事處請補核料派員查賬案
決議 照辦
四、南岸辦事處請發南鉄等材料以便修理線路及方棚架案
決議 照辦
五、福利社請扣四五月份未扣来款案
決議 照扣一面由福利社將扣款原因油印通知被扣款員工
六、整理特園線路案
決議 由工務科派工整理
七、以後領料單應限寫一種材料以利登賬案
決議 照辦並通知各部份

重慶電力公司業務會報紀錄

時間 三十四年十二月四日正午

地點 本公司會議廳

出席 程總經理 吴總工程師 宋達全 刘希孟 張萬楷 劉佛雄 劉伊凡 董未甫 童曉秋 秦亜雄 陳景嵐 楊新民 伍錦德 刘静之

主席 程總經理

紀錄 張君影

會報事項

一、第二廠引風馬達壞須送華成修理約需星期可修竣現向二十兵工廠借用馬達一部抵換供電案

決議 照辦并將購置備用馬達一部請華成估價

二、一三兩廠引風馬達備件及向安利洋行定購尚未交貨請催促交

匯來渝案

決議　照辦

三、董科長報告接洽寶原公司地皮經過案

四、會計科速籌款提取廢壓油十六大桶案

決議　照辦

五、劉科長靜之建議加緊收費工作案

決議　照辦

主席　程本臧

存卷　十八

4

重慶電力公司業務會報紀錄

時間　卅六年十二月十八日 正午
地點　本公司會議廳
出席　程總經理　吳總工程師　張萬楷　刘希孟　秦亞雄
　　　童疇叔　劉伊凡　陳景嵐　刘佩雄　吳克斌
　　　董幸甫　劉靜之
主席　程總經理
紀錄　張展鵬

會計報告（略）

一、第二廠劉主任報告前向馬達廠修好所借二十廠馬達一部已退還案
二、卅六年度考績案
決議　由人事股擬具辦法提會討論
三、討論如何收取自來水公司欠費案

—3

決議 照辦

四 如何催收用户欠費案

決議 由業務組長督催收費職人員加緊催收其有拖欠日久者列表報由經理主設法清理

主席 程本臧

存卷 [illegible]

重慶電力公司業務會報紀錄

時間 卅四年十二月十八日正午

地點 本公司會議廳

出席 程總經理 董事長 楊新民 吳總工程師 刘希孟

張萬楷 刘靜之 刘佩雄 陳景嵐 秦西雄

宋達全 易守樸 伍錦德 劉伊九

主席 程總經理

紀錄 張君影

會報事項

一、卅四年度攷績辦法案

決議 交各單位簽註意見彙核後再提請董事會通過實行

二、三廠加緊警衛以防意外案

決議 照辦由總務科與三廠主任隨時洽商辦理

三、出納股延長收款時間至下午六時半案

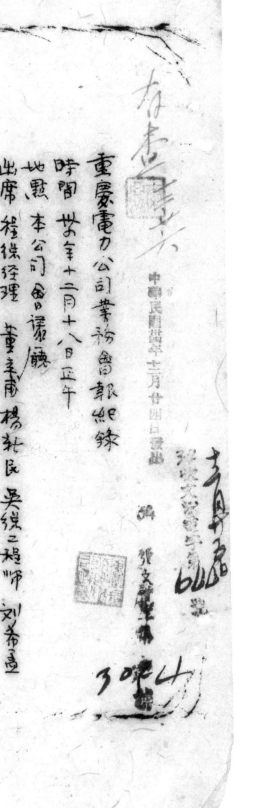

2

决议：照办

四、审核股提前审核电费票据案

决议：照办，并以一天核完为原则

五、上月份煤价调整费票据应提速发票收费案

决议：照办

六、新加保押金应提速办理案

决议：照办，人手不敷可暂借调

主席 程本臧

重慶電力公司業務會報紀錄

時間　三十四年十二月廿五日正午

地點　本公司會議廳

出席　程總經理　吳總工程師　易宗樸　刘希孟　秦亞雄

童時叙　張萬瑞　劉靜言　刘佩雄　陳景巖

董事長　宋達全　吳克斌　刘伯凡

主席　程總經理

紀錄　張君鼎

會報事項

一、何北衡請用地皮修一廠工友宿舍房屋應如何規劃案

決議　由業務科擬定办法由工務科依照办理

二、大溪溝培練生應加訓練案

決議　由總務科予以甄別加以訓練

三、據豫豐紗廠每月抵用電三四月而補繳押金達六百餘萬元

應否照收案

決議 照收

四、五十廠停機須由公司供電案

決議 由劉主任及宋科長洽商辦理

五、董科長報告加强各廠警衛經過情形案

六、各单位对于改績意見請速簽注送還案

決議 下星期二以前交還

七、陳科長報告開始收取保押金及近日收費情形案

主席 程本臧

存 十一、十七

重庆电力股份有限公司一九四六年度业务会报纪录（一九四六年） 0219-2-166

35 总文字第38号

重庆电力公司业务会报纪录

时间 三十五年一月八日正午

地点 本公司会议厅

出席 程总经理 吴总工程师 恒绵德 刘希孟 张儒鸿

秦亚雄 张蔚楷 陈昊岚 童晓叙 刘佩雄

杨新民 宋达全 吴克斌 刘静云 刘伊凡

易宗楼 董华甫

主席 程总经理 纪录 张君鼎

会报事项

一、豫丰纱厂请减少用电量至二百匹马力，更换较小电表，减付新保押金数额案

决议 照办

二、南纺家反汲办案请派材料员案

決議 由處調員暫代

三 五十廠借用十關催發方棚與該廠供給本公司方棚油三十桶案

決議 照办

四 新蜀報自行移交及催收欠費案

決議 由業務科發報經理呈

五 攷績如何已公佈各單位攷績表應於本月底密交經理呈案

決議 照办

六 自今年一月份加班津貼應否發案

決議 提請董事會決定

七 唐姓地皮今日接收當付一千萬元月半付八百萬元各佃戶限一個月搬遷尚有地皮一幅約五十方丈與所購地皮相連擬一併出售索價一百五十萬元應如何办理案

決議 減價可買

八 向外商洽詢物料價目以便購買案

決議 照办

主席 程本臧

程本臧

重慶電力公司業務會報紀錄

時間 卅五年一月十五日正午

地點 本公司會議廳

出席 程總經理 吳總工程師 張方楷 刘希孟 秦亚雄

章晴叙 陳景崇 徐錦德 吴克斌 刘佩雄

董幸甫 黄大庸 宋達全 易宗樸 曹鵬九

主席 程總經理 紀錄 張君鼎

會報事項

一、華安宏源電廠送煤太多應如何辦理案

決議：(一)今後多採天府煤至二廠，不接華安宏源電廠之煤

(二)已到河邊之煤廿大船立即起入煤棧

(三)由公司正式通知華安宏源電廠以後不改善煤質拒絕收煤，本公司不負任何責任

36

二、唐姓地皮如何规划建房案

决议 甲、墙外空地准由水厂征用地上人员先行搭屋居住

乙、现有空房准在第一厂工作人员暂时居住

丙、请吴总工程师黄科长刘科长董科长负责计划永久建筑

三、拟定加班津贴规则案

决议 由总务科拟定其原则如下

甲、在办公时间内不能完毕之工作而必须赶办者及临时发生之事件而必须赶办者方得加班

乙、所有加班工作必须事前请求总经理核准

四、本月廿五日以前有关各部门应将其资料送交会计科以便赶办决算案

决议 通过

五、厂产存煤甚多[illegible]法整存应照往年标准比率办理案

决议 照办

六、库存年前差额六亿元请业务科赶速收费案

决议 照办营[illegible]加速营[illegible]票据

七、民食供应取消公粮员工食米改照四斗发给代金案

决议 由福利社调查公粮及中粮公司与市上米价采取平均价计算

主席 程本臧

重庆电力公司业务会报纪录

时间：三十五年二月十二日正午

地点：本公司会客厅

出席：吴代总经理　刘主任秘书　黄大庸　陈景岚

易宗樸　张进人　章曉叙　刘希孟　张万楷

董幸甫　杨新民　刘静之　任绵德　刘伊凡

主席　吴代总经理

纪录　张君鼎

会报事项

一、不在第一厂内办公之员工不得在厂址地段上搭建房屋案

决议　通过

二、福利社存米定期於本月二十日前售与本公司同仁每人限购一斗逾期不购者得将存米自由处理案

决议　照办

三、董事长提议请将负债表从速造送总经理室案

决议　照原议

四、刘泽民余克稷周公臣等七人年终奖金应否发给案

决议　俟刘董事长回渝请示决定

五、增加工务事务及用户股业务周转金案

决议　增加为五万元

主席　吴锡瀛

中华民国卅五年贰月拾六日发出

219

存

重慶電力公司業務會報紀錄

時間 三十五年二月十九日正午

地點 本公司會議廳

出席 吳代總經理 伍錦德 劉靜之 劉希孟

張萬楷 秦亞雄 章晴叙 陳昇嵐

劉伯九 張進人 楊彬民 黄大庸

董家甫 易宗樸

主席 吳代總經理

紀錄 張君鼎

會報事項

一、張科長報告工務局邀請商談警局欠付電費經過情形案

34

二、江北办事处石欄杆風化將圯請派員查勘修復案

決議　派員查勘總務科办理

三、第三廠請改善衛生医藥設備案

決議　請福利社楊主任擬定医藥管理办法由總經理核定實行

四、新年期間積壓電費票據之業票審核收費等工作應予注意疏通以免積壓过多影响收入案

決議　各主管隨時督促辦理

主席　吳錫瀛（印）

重慶電力公司業務會報紀錄

時間 三十五年二月二十六日正午

地點 本公司會議廳

出席 吳代總經理 伍錦德 董宰南 劉靜之 劉伊凡 楊杜民 劉希孟 秦西雄 陳景勳 張萬楷 車時叙 張進入 黃大庸

主席 吳代總經理 紀錄 張君鼎

會報事項

一、大溪溝米庫存米定於二月底由福利社稽核科派員啟封標賣案

決議 照辦 發出米票尚未提米者一律照原繳金額退回 米款已領米而未扣米款者由福利社查明通知庶

務股照加

二　三廠耗煤太多請加撥天府煤案

決議　多配運天府煤

三　請求政府准許開放裝表案

決議　照办未核准前作事實上之開放

四　許多機関將電表私自頂打又請求公司重為裝表案

決議　請原機関退回電表再為安裝

主席　吳錫瀛

存

重慶電力公司業務會報紀錄

時間 三十五年三月五日正午

地點 本公司會議廳

出席 吳代總經理 宋達全 易宗樸 張進入 劉佩雄 張儒修 劉伊九 童晴叙 張萬楷 劉希孟 陳景嵐 秦西雄 黃大庸 劉靜之 楊新民

主席 吳代總經理

紀錄 張君彬

會報事項

一、第一廠之廠房項應加以修理案

決議 比較石棉瓦 洋瓦 竹瓦費用及耐用性加以選擇

二、最近燒燬電表數百個應如何辦理案

決議 由將可修電表加以修理 另買新表補充 兩周之燒燬電

32

12

表責成用户賠表，如不照賠即予停止供電登報公告

并呈請市府備查

三、南岸二塘二十一廠材料庫用電電費由公司通知五十廠次月在該廠應繳公司備電之費內扣除案

決議：照办

四、南办處請用電檢查組派員前往所轄區域內檢查窃電案

決議：照办

五、速購避雷器等材料案

決議：除託生產局代向外國定購外，另再直接向國外訂購

六、由公司派員主持拍賣處一煤廠存放煤洞前存煤，並將周則洵之採办煤同時予以解決案

決議：照办

七、今後醫藥事務改由福利社管理，由公司按月津貼福利社醫藥費若干案

決議：俟程總經理回渝核办

八、自下星期各部主管分户賬人員分別到會計科對賬案

決議：照办

主席 吴錫瀛

重慶電力公司業務會報紀錄

時間 三十五年三月十二日正午

地點 本公司會議廳

出席 程總經理 刘希孟 張萬楷 楊新民 宋達全

伍錦德 刘静之 劉伊凡 劉佩雄 易宗樸

黃大庸 秦亜雄 張儒修 張進人 陳景嵐

章曉敏

主席 程總經理

紀錄 張君鼎

會報事項

一、總公司職員星期日交通車應否繼續開行案

决議 本星期日暫行停開，向公共汽車管理處交涉購

買換票證，星期日為公司加開一班

二、大溪溝存米一百餘石由福利社會同稽核科派員拍賣案

決議 儘速办理

三、職工子女教育貸金自四月份起至七月份止由福利社按月扣还案

決議 照办

四、第一廠之房屋須如何修理案

決議 包工估計由經理室核定

五、第一廠拆倒房屋案

決議 由總務科張科長與南易科科長決定如何修理後再報核

主席 [illegible]

重慶電力公司業務會報紀錄

時間 三十五年三月十九日正午

地點 本公司會議廳

出席 程總經理 劉靜之 易宗樸 伍綿拔 劉伊凡
劉希孟 陳景凱 劉佩雄 秦要雄 童晙叔
張進人 張儒修

主席 程總經理

紀錄 張君鼎

討論事項

一、第一廠工人二十一家遷往唐姓地皮上居住案

決議 每家准借用地皮一丈寬一丈六尺深，自行搭蓋簡單房屋，離職時不準轉讓頂打，公司需用地皮時應隨即拆卸歸還，由總務科擬定借用地皮文約，簽字後方准搭蓋。

30

二、營業地皮上面有人居住，應促其從速搬遷案

決議：催請搬家

三、職工宿舍應由福利社籌劃案

決議：照辦

四、材料股應將用戶材料重新估價，以便收取材料補助費案

決議：照辦

五、南岸分廠函商增加停電次數分期安裝電表案

決議：照辦，並交業務科登報公告

六、用戶續繳電表第一次賠費及恢復第二次停止供電，報請市府備案並登報公告案

決議：照辦

主席 程本臧

35 發文電字第 506 號

重慶電力公司業務會報紀錄

時間 三十五年四月四日正午

地點 本公司會議廳

出席 張儒修 劉希孟 劉佩雄 易宗樸 張萬楷
秦亞雄 劉靜之 廖世浩 黃大庸 章曉叙
張進人 劉伊凡 陳景嵐

主席 黃科長大庸

紀錄 張君影

會報事項

一、處理各廠所存劣煤案

决議 (一)选煤工人暂须尽量挑选烧用
(二)函询二十四厂愿否购买本公司存煤

二、三办事处请设医务人员案
决议 由福利委员会计划统筹办理。

三、加强医药管理案
决议 (一)诊病者应加盖科长或厂处主任私章
(二)因公受伤非本公司医师所能治疗者经医师证明事前签请核准得在指定以外之处治疗非因公者不在此例

四、上半月工资如何发放案
决议 在本星期内发清

主席 黄大庸

重慶電力公司業務會報紀錄

時間：三十五年四月九日正午

地點：本公司會議廳

出席：程總經理　吳總工程師　劉靜之　劉伊凡　陳景風
張進人　張儒修　張萬楷　劉希孟　易宗樸
黃大庸

主席：程總經理　　記錄：張君鼎

會報事項

一、第一廠上半夜電廠僅達三千二百瓩，擬增加輪流停電次數以維鍋炉安全案

決議：除五福宮電話局等處每星期停電一次外，其餘各處每星期停電二次，俟與市府商定實行。

二、吳德懿病假期中所遺工作如何推動案

28

决議：由總經理室核定

三、張科長報告各機關之欠費催收困难呆帐不免增加應如何辦理案

决議：加緊催收

四、出售交通車大卡車各一部增購吉普車案

决議：(1)先購吉普車三部再行出售二大卡車

(2)交通車停開

(3)修訂汽車管理規則

五、第二廠修理廠房案

决議：由前日開標所定廠家承包

六、整理線路案

决議：由工務科計劃實施

主席 楊[illegible]

重慶電力公司業務會報紀錄

時間 三十五年四月十六日正午

地點 本公司會議廳

出席 程總經理 吳總工程師 張進之 廖世浩

秦亞雄 劉希孟 陳景嵩 張禹楷 劉伯凡

張儒修 楊新民 黄大庸 劉靜之 章疇叙

主席 程總經理 紀錄 張君鼎

會報事項

一、職工住宅用電向係免費但如係住宅而兼營商業者應否裝表付費案

決議 應照普通用戶裝表付費

二、公司缺乏電表用戶燒壞電表者應自備電表賠償方能復火案

27

决議　照辦，一面登報公告，一面由業務科開單向國外定購電表

三、黄桷渡方棚自去年九月三日被炸後尚未復電，應如何辦理案

决議　已有150KVA方棚一具，俟方棚油箱到後即可裝復

四、南岸辦事處請撥橫担等材料，以便于兩月内將所轄綫路整理完竣案

决議　照辦

五、城内綫路行將整理完竣，惟該區域尚無高壓綫設備，應設置案

决議　由工務科暫行計劃

六、欠費廠家有將電表撤走者，應如何辦理案

决議　(一)隨時注意

(二)由業務科擬定增收保押金辦法呈請政府准行

七、難於收取之電費由稽核科派員協助收取案

决議　由業務科與稽核科商定實行辦法

八、關于煤價調整費之各項紀録，有關各部門應於每月一日交到經理室，俾可提早送核案

决議　照辦

主席　[illegible]

重慶電力公司業務會報紀錄

時間 三十五年四月廿三日正午

地點 本公司會議廳

出席 程總經理 吳總工程師 張進人 劉靜之 黃大庸 廖世浩 劉佩雄 陳景嵐 劉希孟 張萬楷 章疇叙 秦惠雄 劉仲凡 易宗模 張懷修

主席 程總經理 紀錄 張君影

會報事項

一、增加用電保押金辦法由業務科速擬送核案

決議 照辦

二、難收取之電費由業務稽核兩科商定辦法實行案

決議 照辦

三、由稽核科辦理支票退票事宜自五月一日起實行案

決議 照辦

26

四、各單位向會計科懸欠帳款由會計科分別通知了以了結案

決議 照办

五、各單位備用金已經動用者應檢附單據報銷以便隨時補足數額案

決議 照办

六、總務科所屬各單位向會計科支領之款項按月開具對帳單送會計科查對以期確實案

決議 照办

七、關於會報決定事項應如何推動案

決議 1、會報紀錄後面注明某項由何部負責办理

2、每次會報時宣讀上次紀錄及有關部份應說明办理情形或結果

3、紀錄稿由各科長會章後付印

26-1

八、汽車修理工作陸由第二廠修配股办理案

決議：照办

九、磁器口石橋鋪南坪場請求供電應如何办理案

決議：以在高壓電終点計度收費為原則，低壓方面可由當地人士自行組織機構與公司訂約办理，仍受公司監督指導，並須照公司章程担任供電之種設備（包含及變壓器等）幹綫補助費70%

主席 程本[illegible]

重慶電力公司業務會報紀錄

中華民國卅五年五月壹日 發出

時間：三十五年四月卅日正午

地點：本公司會議廳

出席：程總經理 吳協工程師 黃大庸 廖世賢 劉佩雄
童曉叙 陳景嵐 劉希孟 易崇樸 張儒修
劉靜之

主席 程總經理 紀錄 張君鼎

會報事項

一、用戶以他人支票交付電費時應請用戶背書案

決議：照辦

二、四月份前之退票仍交稽核科催收，以其中有非用戶所付支票，應報請經理室追償并從嚴懲處案

決議：照辦

三、材料室帳上增加借入及借出材料科目案

決議：照辦

四、稻香村新邑兩處地皮不擬應以何對付案

照抄 時奎 交

請董股長 注意

已登記

680

25

決議 (一)請律師代表公司致函該佃戶限兩星期內搬遷

(二)請劉靜之工程師設計裝修請領執照

(五)中國興業公司請求遷移一部份電表案

決議 應請償清舊欠方能用電

(六)本市水電裝工會函公司請求三點(一)報裝單由工會加蓋圖章(二)用戶電表遷移過戶由水電裝工會承辦(三)方棚負責情形通知工會應如何辦理案

決議 由業務科裝具出席報告請經理室核定答覆

(七)海防損失鍋爐材料閘門向法政府要求賠償應如何辦理案

決議 請易科長詢明手續

主席 程[illegible]

稽核科

中華民國卅五年五月卅日發出

已登記

重慶電力公司業務會報紀錄

時間　卅五年五月七日正午

地點　本公司會議廳

出席　程總經理　吴保之工程师　張儒脩

劉静之　陳章嵐　宋達全

劉佩樟　劉立中　易宇模

章晴叔　秦理雄　張禹楷

主席　程總經理

紀錄　張君鼎

會報事項：

一、在石橋鋪等地躉售商應電流應擬定營業章程以資遵守案

決議：應再加研討

二、林森路六棚燒毀應派員清查究電戶救火起用電力案

決議：由取締組派員查勘

三、減資山莊防空洞內所存文件應速搬移案

決議：（一）暫移八民國路

（二）在都郵街建築簡單保險庫房

四、聯合經濟研究室函詢本公司需要何種參及資料及是否有業務上或技術上之問題須由該室代為研討案

決議：各部份如須參及資料及應研討問題應於下週會報前送總務科彙送。

五、審核電費單據之作改由業務科辦理後單據之作應由何科辦理案

决議：仍由制孔票股办理改票銷票底根存票樣股、已
副票連表報送稽核科審查封存办事細
則由經理室通知有關科股
六、改訂办公文件領發办法案
决議：由總科擬定原則有二
(一)取消定量分配
(二)視職務核定品類數量
(三)以舊換新
(四)若干物品應由各單位具領
(五)制孔發領用物品手冊

主席 [illegible]

存

重慶電力公司業務會報紀錄

時間　三十五年五月廿一日正午

地點　本公司會議廳

出席人　程總經理　吳總工程師　劉靜之　廖世浩　秦亞雄　陳景嵐　易宗模　張萬楷　張遂　黃大庸　劉伊凡

主席　程總經理

紀錄　張君鼎

會報事項

一、撤表尾度電費較銷保押金金額甚小不足以抵補尾度電費應請增加保押金欠費離渝之用戶應查明去處繼續追收并登報警告

決議：早已呈請主管機關准予增加保押金尚未奉

803

25

批條照办。

二、社會局轉來承裝工會提出要求數項，如何答覆案。

決議：除公司員工不能直接經營承裝電氣設備之一項外，餘應拒絕，分別向社會公用兩局陳明，特別於法令有關事項請兼顧。

三、學徒改為見習生，所領月資應比照藝徒級表級數核定案。

決議：照办。

四、各廠處科技工名額應有規定案。

決議：由總工程師召集各主管會商決定名額報核。

五、審議學徒管理規則案。

決議：各主管應於草案上簽註意見，於本星期六前交與吳總工程師，定下星期二上午開會討論。

主席 楊□□

中華民國卅五年五月廿　日發出

重慶電力公司業務會報紀錄

時間　卅五年五月廿八日正午

地點　本公司會議廳

出席　程總經理　吳總工程師　張儒脩　廖岳浩　張進人　秦璽雄　陳景蕆　韋曉叙　張禹樓　劉佩雄　楊新民　黃大庸　易宗模　宋達金　劉希孟　劉靜之

主席　程總經理

紀錄　張君影

會報事項

一、住在本公司宿舍之員工租民房貼為時已久亦以人事變遷應重加清理以昭確實案

決議：照辦

二、中國興業公司函請清理欠費案

決議：由業務科簽報

三、張科長報告中渝麵粉公司欠費經過情形案

四、連接廿四廠新線路之工程應另立賬戶以便根據加入標價調整費案

決議：照辦

主席

重庆庆（？）分公司业务会报纪录

时间　三十五年六月十一日正午

地点　本公司会议厅

出席　程总经理　吴总工程师　张进人　廖世浩　杨新民　秦显雄　刘佩雄　刘伊凡　宋达全　张万楷　刘希孟　章畴叙　易宗朴　张儒修　陈第乱　黄大庸

主席　程总经理

纪录　张君彬

21

會議事項

一、增加電費保証金已獲經濟部批准應如何收取案

決議　一照用戶用電量收取兩個月電費。二積極準備各項單據賬冊，至遲於七月間開始收取

二、現行用電保証金可否撤收與新保証金併案辦理

二、二廠請修理木船案

決議　從速辦理

三、磁器口區公所函請在磁器口供電案

決議　復請該公所逕向公用局申請

四、修理大溪溝鵝公岩冷水塔案

決議　請基泰工程師派員查勘估價以不重建為原則

五、程揆經理報告與富一煤廠承租人周則洵商談結束煤廠辦法案

六、用戶股請撥卡車應用案

決議　舊卡車修竣撥交使用

主席　劉航琛

中華民國[illegible]年[illegible]月拾貳日發出

稽核科

20

存

已登記

35營字第986號

重慶電力公司業務会報紀錄

時間　三十五年六月十八日正午

地點　本公司会議廳

出席　程總經理　吴總工程師　劉靜之　廖安浩
楊新民　宋達金　秦亞雄　劉伊凡
張進人　張萬楷　劉希孟　黄大庸
易宗模　張儒修　陳景崗　章晴叙

主席　程總經理

紀錄　張君曇

會報事項

一、航委會器材總庫欠費二百餘萬應如何辦理案

決議　一、分函航委会及用電机關請予照付
二、六棚停電
三、派憲兵会同沙坪壩办事处派工撤表

二、中央工業試驗所欠費一千餘萬案

決議　催收無結果公司函電催請結付

主席

中華民國卅五年六月拾九日發出

35 發文電字第1044號

重慶電力公司業務會報紀錄

時間 卅五年六月廿五日下午

地點 本公司会議廳

出席 程總經理 張進人 廖世浩 劉伊凡
吳總工程师 楊新民 張當修 黃大庸
陳景嵐 劉佩雄 劉希孟 秦亞雄
易宗模 張萬枱

主席 程總經理

紀錄 張君鼎

會報事項

一、董監及職工用電自本年七月份起按月彙製總表轉賬不另製收票案

决议　照办

二、各办事处经手账目应即清结并增加备用金案

决议　照办

三、南办处请修理分电站房屋案

决议　照修理

四　南坪场供电案

决议　1.利用前美军总部电台方棚供电充收补助费

2.低压线路照收补助费

3.用户应分别向公用局申请核准后再办手续

主席　杨兴藏

付观后存

黄吉一

中华民国卅五年六月廿八日发出

重慶電力公司業務會報紀錄

時間 卅五年七月二日下午

地點 本公司會議廳

出席 程總經理 黃大庸 張萬楷 張儒修
吳總工程師 劉希孟 劉佩雄 陳思嵐
易宗樸 劉伊凡 宋達全 章畸叔
秦璧雄 張進人

主席 程總經理

紀錄 張君鼎

18

會報事項

一、一年以前新華日報請在化龍橋增加用電設備繳付桿綫補助費一百餘万元迄未施工現該報不擬用電請求退費但前給之桿綫補助費收據遺失應如何辦理案

決議：由該報具函聲明遺失收據并出收據未領准其退費

二、工人二名在大樑子拉桿高壓保險之際被人毆打案

決議：呈請政府懲办兇手以後不得已停電時拉閘令克不停方棚以免發生不幸事情並將此办法用經理室名義通知各單位

三、增加保押金何日收取案

決議：俟用户分户賬印就本月半開始收取

主席 [illegible]

中華民國卅五年七月[illegible]

存七、十五、

重慶電力公司業務會報紀錄

時間 三十五年七月九日上午

地點 本公司會議廳

出席 程總經理 吳總工程師 廖安浩 劉佩雄

陳景崴 秦亞雄 劉希孟 李晴叙

張儒修 張進人 易宗機

主席 程總經理

紀錄 張君鼎

17

会報事項

一、增收電費保証金先從城區開始案

決議：用戶股及三办事處对於新戶遷移過戶三种已照新保證金金額收取对於舊戶先從城區办起

二、新運會請求裝表供電并照特價計算案

決議：新運会及租戶應分别裝表，新運小學可照特價收費

三、抄表人員抄表时多將電表封誌損壞案

決議：告抄表人員注意

主席

中華民國卅五年七月拾日發出

重慶電力公司業務會報紀錄

時間：三十五年七月二十三日正午

地點：本公司會議廳

出席人 程總經理 易宗樸 劉希孟

廖世浩 秦西雄 陳景嵐

劉佩雄 張進人 韋疇叙

劉伊九 張儒脩 宋達全

主席 程總經理

紀錄 張君鼎

16

會報事項

一、復華通煤礦公司請延長高壓线路兩公里案
決議：緩辦

二、工友請照上月數字發給工津案
決議：准其預支年終奬金其數額以六七兩月份工津差額為限（百元以下不計）加工不計，仍照發給工津，向例分兩次發給

三、寶源煤灰份增加應如何辦理案
決議：由公司備函寳源，請其注意

主席 孫越崎

中華民國卅五年七月廿四日發出

35發文電字第1329

15

重慶電力公司業務會報紀錄

時間 三十五年七月三十日正午

地點 本公司會議廳

出席 程總經理 吳總工程師 廖世浩

陳景嵐 劉佩雄 易宗樸

秦亞雄 章晴敘 張進人

黃大庸 張儒修

主席 程總經理

紀錄 張君鼎

會報事項

一、接户线亟應整頓，請在當地收購接户材料案

決議：擬要酌購

二、兜子背過江鐵塔曾中彈，應加修理油漆案

決議：照辦

三、南岸木桿角鐵使用達十一二年，應予更換案

決議：照辦

四、業務科及三廠廠務科應經常派員查核保押金及收費股賬目案

決議：照辦

五、檢查水塔案

決議：明日請土木工程師前往第一、三廠檢查

主席 [illegible]

中華民國卅年 十月 廿壹日發出

重庆电力公司业务会报纪录

时间 三十五年八月八日正午

地点 本公司会议厅

出席人 程总经理 吴总工程师 刘希孟
吕宗僕 黄大庸 廖学浩
刘仲雄 陈景岚 刘佐九
章畴叙 秦亚雄 张珩
阚倬云

主席 程总经理

纪录 张君[illegible]

会报事项

一、二厂劣煤二千余吨不易燃烧修理锅炉期间请拨用好煤济用案

决议：照办

二、電一煤廠上足應交之煤後應拒絕收煤案

決議：照办

三、鍋炉工多人患肺病應如何辦理案

決議：由工務科擬具補救办法

四、三办事處及用戶办理新核定用電保証金即日起應於正收據上及通知單並存根上分别加盖新簽規定圖章以資識別案

決議：照办

五、廿廠一个工人患神経病應如何办理案

決議：強令退休

六、煤價調整費最好於每月五日前發表若遲至十日發表則有數区電費不能一次製票案

決議：請公用局提前核定

主席 [签章]

中華民國卅五年八月八日 發出

存查

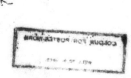

重慶電力公司業務會報紀錄

時間：三十五年八月十三日正午

地點：本公司會議廳

出席：程總經理　吳總工程師　易宗模

劉伊凡　劉佩雄　韋疇叙

秦世雄　黃大庸　陳景崑

閻偉雲　張進人　廖譽浩

主席：程總經理

紀錄：張君鼎

會報事項

一、目前南岸一方棚被燬，應加裝避雷器及趕修方棚案

決議：1.向生產局訂購之避雷器已到上海，函催經濟部器材

文字第1427號

13

總庫速告該信運渝

二、已燬方棚交商包修

二、新設用電保證金疇零數在百位以下者不計案

決議：照辦

三、調整接戶材料單價案

決議：應隨時調整通知材料股照辦

四、以後方棚被燬或其他特殊原因停電由工務科或三廠等處隨時將停電方棚供電區域停電及其停電日期通知業務科以便處理底度電費案

決議：照辦

五、三十四年度末請假工人之獎金請予發給案

決議：由總務科分別通知各主管部份造册具領

主席 [signature]

存

重慶電力公司業務會報紀錄

時間　三十五年九月三日正午

地點　本公司會議廳

出席　程總經理　吳總工程師　劉希孟　廖世浩

陳景崑　劉佩雄　章疇叙　秦雲銘

張進人　閻偉雲　易宗樸　劉伊凡

主席　程總經理

紀錄　張君鼎

會報事項

一、用戶申請移表以折表憑證為根據另以同等大小電表為之安裝無須換取磁表以期迅捷案

決議：照辦

12

五、改表後、表後火由業務科斟酌辦理不必經由公用局核准案

決議：照辦

六、損壞輕微之方棚、辦事處予以自行修復者由處修理案

決議：照辦

七、中秋節前發放九月份薪津九月份上半月之津案

決議：本月六七九三天發清

主席：楊季臧

11

重慶電力公司業務會報紀錄

時間 三十五年九月二十四日正午

地點 本公司會議廳

出席 程總經理 吳總工程師 章疇叙

廖學浩 秦世雄 劉伊凡

陳景崴 劉佩雄 易宗樸

劉希孟 陶偉雲 張進人

黃大庸

主席 程總經理

紀錄 張君鼎

會報事項

一、沙坪壩辦事處擬向沙磁医院洽商為該處員工診病所需医藥費用由公司記賬付費案

決議：由秦主任洽各報協

五、材料股所定材料價目與市價相差尚遠應予調整案

決議：照辦

六、派員分赴用户處所催付保押金案

決議：口頭通知逾期繳付即行停電

七、煤商以停供煤觔迫使本公司承認煤炭加價應如何對付案

決議：（一）函天府礦源不承認新價缺煤停電該公司應負責任

（二）函告礦源一萬六千噸合同應補交之煤觔應即補足

（三）將煤商停供煤觔情形分别呈報市府及公用局并登報公告以明責任

主席 [illegible]

10

阅 大鑫

已登记

中华民国卅五年拾月叁日 发出

发文电字第1709号

重庆电力公司业务会报纪录

时间 三十五年十月一日正午

地点 本公司会议厅

出席 程总经理 吴总工程师 黄大庸 刘希孟

廖兴浩 陈景嵐 刘佩雄 章畴叙

秦西雄 张进人 冯宗璞 张儒俏

程伊九

主席 程总经理

纪录 张君鼎

会报事项

一、南坪场、弹子石等处将开始供电所需电表应如何筹划案

決議新購運宜電表一仟餘隻即可轉運來渝勉可敷用

二、用戶自備電表照公司價目收購抵繳保押金案

決議照辦

三、吉普車應漆何種顏色案

決議黑色

主席 [illegible]

重慶電力公司業務會報紀錄

時間 三十五年十月八日正午

地點 本公司會議廳

出席 程總經理 吳總工程師 張儒脩 陳景嵐

廖世浩 劉希孟 劉伊九 黃大庸

劉佩雄 秦亜雄 韋疇叙 張進人

易宗樸

主席 程總經理

紀錄 張君鼎

會報事項

一、石板坡用户已付桿线補助費而线路被燒為装接线路應否重收補助費案

決議：免收

二、黃沙溪供電案

決議：由工務科派員查勘詳細計劃

三、自保供電用電器材火險案

決議：黃科長擬具辦法提請董事會核議

四、荷蘭公使館請退還保押金而電表為軍官隊禁阻撤回應如何處理案

決議：保押金照退電表過戶與軍官隊

五、新保押金逾期未繳者應否剪火案

決議：稍緩

六、本公司應請開放裝用電表取締廣告燈案

決議：再請市府開放並向參議會呼籲

主席 [illegible]

重慶電力公司業務會報紀錄

時間　三十五年十月十五日正午

地點　本公司會議廳

出席　吳總工程師　廖世浩　劉希孟　劉伊凡
陳景嵐　劉佩雄　秦西雄　易宗樸
張進人　張儒脩　韋曉叙

主席　吳總工程師

紀錄　張君鼎

會報事項

一、公司醫師出診是否收取診金案

決議：由總務科擬具辦法

二、求精中學原裝壹佰安培電表請改為幾個小表案

決議：由工務科派員查勘

8

三、南坪場軍官眷窃電燒毀二十開維愛方棚一具南坪場供電以後難免不受竊電影响應如何防範案

決議：由公司致函南坪場區公所請予協助取締

四、南辦處請撥發二百開維愛方棚一具案

決議：修理方棚乙具供用

五、江北辦事處請勿停電案

決議：仰五十廠借用方棚一具并請二十一廠供給上半夜用電否則採取輪流停電辦法

主席 [signature]

7

重慶電力公司業務會報紀錄

時間 三十五年十月二十二日正午

地點 本公司會議廳

出席 程總經理 吳總工程師 廖世浩 劉希孟

易宗樸 黃大庸 陳景嵐 劉佩雄

秦亞雄 章晴叙 張進人 闞偉雲

劉伊九

主席 程總經理

紀錄 張君鼎

會報事項

一、修理第一廠水塔案

決議：約請建築公司三數家查勘估價

二、催收保押金案

決議：下月五日後再議

主席 [signature]

中華民國卅五年拾月廿三日發出

35 發文電字第 1838 號

35裁文

審核 股
陳

已辦稿

重慶電力公司業務會報紀錄

時間 三十五年七月二十九日正午

地點 本公司會議廳

出席 程總經理 廖思浩 易宗樸 劉伊九
劉佩雄 章畹叙 秦西雄 張儒倚
陳景嵐 黃大庸

主席 程總經理

紀錄 張君鼎

會報事項

八、函催速運遂平零件案

決議 照辦

6

五、高壓線木橫担改用角鉄案
決議 照辦
六、改用洋灰桿子案
決議 試製
七、陸軍醫院擬在寸灘用電案
決議 緩辦
八、調整接火費案
決議 緩議
九、取締電虹燈案
決議 十一月二十日前由用户自行取銷逾期由政府強制執行

主席 潘昌猷

主席

重慶電力公司業務會報紀錄

時間 三十五年十一月五日正午

地點 本公司會議廳

出席 程總經理 吳總工程師 章曉叙 陳景嵐
廖世浩 劉伊凡 劉佩雄 秦西雄
黃大庸 易宗樸 張進人 閻偉霄

主席 程總經理

紀錄 張君騄

會報事項

一、取締霓虹燈由經理室通知取締組辦理案

決議 照辦

二、南辦處請派員取締龍門浩一帶竊電案

決議 由取締組派員辦理

三、大溪溝連日發生搶案三起應加強廠房警衛力量案

決議 函治安機關請予注意并請發子彈壞槍送請二十一廠修理由公司備函由易科長洽辦

主席 [signature]

案核 股存查 十一

4

重慶電力公司業務會報紀錄

時間 三十五年十一月廿六日正午

地點 本公司會議廳

出席 吳總工程師 易宗樸 董辛甫 廖世[?]

劉佩雄 [?]曉欽 秦西雄 陳恩[?]

張進人 戴大庸 張儒修

主席 吳總工程師

紀錄 張君焜

會報事項

一、江北辦事處牆壁傾圮請派員查勘修葺案

決議 由總務科派員查勘

主席

文件檔字第 2051 號

中華民國卅五年十一月廿七日發出

重慶電力公司業務會報紀錄

時間 三十五年十二月三日正午

地點 本公司會議廳

出席 吳總工程师 劉希孟 廖學浩 易宗樸

劉伊凡 陳昌嵐 劉佩雄 章曉叙

秦西雄 張玠 黃大庸 張儒脩

主席 吳總工程师

紀錄 董毓庚

會報事項

一、用戶增加後電壓不足應如何辦理案

決議：電壓在3400V以下得拉開閘

二、竊電過多應如何取締案

決議：分區組織竊電取締隊，有問題時由用電檢查組辦理，詳細辦法另擬

三、年度終結本月份支出過大，就中薪津獎金等需款尤多，公司應收賬款是否可以收足支付案

決議：加緊催收

四、十一月份煤價調整費應提前通知以憑製票收費案
決議：速商公用局核定
五、揀選煤炭零工日資現為一千五百元因生活上漲懇請增加日資以維生活案
決議：零工日資加為壹仟捌百元通知各部照辦
六、年度終結各辦事處同用戶賬項請派員查攷案
決議：稽核科派員查考
七、遵川工廠等函請在[illegible]間閘於底度請不收費折表於在復工時應即復表案
決議：函復不能取消[illegible]請求折表以後復工時當照復火手續并不麻煩
八、用電保証金是否積極催收案
決議：照案催收
九、業科剪火工作需車使用案
決議：向公用局交涉將吉普車收回備用

主席 吳錫瀛

中華民國[illegible]年[illegible]月[illegible]日

已登記

35發文電字第2122號

重慶電力公司業務會報紀錄

時間 三十五年十二月十日正午

地點 本公司會議廳

出席 吳錫瀛 黄大庸 張儒脩 廖學浩 劉伊九 劉希孟 陳昌嵐 劉佩雄 易宗樸 秦亞雄 章疇叙

主席 吳錫瀛

紀錄 董毓庚

報告事項

陳科長昌嵐報告：催收用電保證金，通知發出用户不明情形，多加拒絶，除仍上緊催收外，請爲注意。

討論事項

一、公司原有卡車使用過久，已不耐用，請增加案

決議：由總務科購買兩部

二、每期發放職工津貼法幣數量過多，冬防期間擬請以一部銀行

2

支票發放減少意外案

决議：暫以三廠試辦每人每期發放支票以帮工以上五萬元小工學徒茶房四萬元為度

三、各辦事處接户材料應如何核對案

决議：帳由現在管理材料人員負責材料由總務科派員協同盤存俟完畢後再與會計科對帳

四、年度終結差欵太多係急用之材料請暫緩購置案

决議：照辦

五、採選煤炭零工增加日資自何日起支案

决議：自十二月一日

六、二廠打水躉船已壞請派員修理案

决議：由總務科辦理

七、電表需用甚多請早準備案

决議：就公司現有者使用必要時由用户自備公司收購

八、接户材料及供電材料與桿线補助費材料應如何計算收取案

决議：照市價收取每月五號以前由購置股調查時價列表通知材料股用户股及三辦事處

九、報裝單究應承裝店蓋章或承裝公會蓋章案

决議：報裝單須由承裝商店蓋章如由承裝人承裝者須加蓋承裝公會章後方可接收

主席 吳錫瀛

重慶電力公司業務會報紀錄

時間：三十五年十二月二十四日正午十二時

地點：本公司會議廳

出席　吳錫瀛　易宗樸　黃大庸　張玲
　　　劉希孟　陳景嵐　秦亞雄　章曉叙
　　　張儒脩　廖世浩　劉伊九

主席　吳錫瀛

紀錄　陶偉雲

會報事項

一、南岸電灯開放及整理接户器材需用電表及各種膠皮線鉛皮線頗多需要，存料不足，應如何設法案決議：電表不足時請由用戶自備，公司向之收購裝安，並由程總經理在上海設法購買現貨膠皮線、鉛皮線，由總務科向中央電工器材廠分別購備。

一、支票退票如何處理案

決議：交稽核科催收，無着時通知業務科剪火撤表，撤表後仍不理，再向法院訴追。

一、上半夜電壓不足如何設法維持案

決議：登報請各機關工廠在上半夜停止使用馬達，并派員取締。

主席 吳錫瀛

重慶電力公司業務會報紀錄

時間 三十六年元月十四日

地點 本公司會議廳

出席 吳錫瀛 劉希孟 廖世浩 黃大庸

嵇亞雄 章晴叔 陳景嵐 劉伊九

主席 吳錫瀛

紀錄 陶偉雲

會報事項

一、用户自備之電表如何作價收購案

決議：由總務科聯繫公司向外廠所訂電表價格加子金運繳各項造計調整另核價目表分送業務科及三辦事處照價收購收購款即在所收各費內撥付再以收據抵繳現金至用户燒燬電表如能修理者仍照此例核收修理費不能修理者賠表無法賠表者再照收購價賠款但公司缺表時不在此例

一、南岸裝出電表奉令不准遷移有聲請遷移其他區域用電者如何辦理案

決議：南岸用户有聲請遷移其他地區用電者在奉令後一概不准遷移可在原用電區聲請撤表結清各費後再向該用電區另行照章辦理報裝但南岸辦事處應將撤回原裝電表送材料股統籌備用並將各費是否結清通知另區主管備查

主席 吳錫瀛

中華民國卅六年壹月卅壹日發出

重慶電力公司業務會報紀錄

時間　三十六年二月十日

地點　本公司會議廳

出席　吳錫瀛　廖世浩　張儒脩　易宗樸
秦西雄　劉佩雄　劉希孟　張君鼎
黃大庸　章疇叙　陳景嵐

主席　吳錫瀛

紀錄　董毓庚

宣佈事項

討論事項

一、煤價調整費在社會局公用局煤礦公司未具體解決以前暫以上月份煤價調整費移作次月與基本電價一併製出收費以後并依次移製

一、中央工業試驗所欠費抵清應否復火案

決議：復火

一、南岸需要200 5250/380開維發變壓器一具請撥用案

決議：俟工科將他處移回再爲撥用

一、軍政部南岸紡紗廠自有500開維發變壓器未用請公司去函申明停供電流案

決議：由公司去函説明變壓器損耗電力情形既不用電應予停止

一、用電保證金收取請通知三辦事處案

決議：由公司函知有關各部份

一、三十五年度帳表限在本月二十號一結出請各部份將傳票報表趕早送齊案

決議：照辦

一、電費收入欠旺不能接濟支出請加緊收費並提前催收大户以資濟用案

決議：加緊催收

一、關於收購用户電表如何作價案

決議：由經理室通知業務科三辦事處新表照公司定價收購舊表酌量折舊作價收購

主席 吴錫瀛 [印]

中華民國卅六年貳月拾貳日發出

38

重慶電力公司業務會報紀錄

時間：三十六年二月十八日

地點：本公司會議廳

出席　吳總工程師　章疇叙　陳景嵐　劉佩雄

劉希孟　易宗樸　張儒脩　秦亜雄

劉伊凡

主席　吳總工程師

紀錄　張君鼎

會報事項

一、基本電價與煤價調整費合製一表自三月份起實行案

決議：照辦

一、南辦處請撥發表箱案

決議：由各需用單位辦理請購手續向外訂製

一、第二廠修造打水船案

決議：由公司撥款修造第二廠指定人員負責監修

一、黏泥廠接用二十四廠電流案

決議：所需线路材料及变壓器由公司借用仍照向兵工廠購電轉供辦法辦理

一、新橋供電電表不敷應如何辦理案

決議：暫准數家用户共用一表

一、本月份薪津如本星期六前難於發放轉知各員工案

決議：無異議

一、研究兼採包燈制案

決議：修理舊表遲運新表加強取締竊電

主席　吳錫瀛

[illegible]

39

存

重慶電力公司業務會報紀錄

時間：三十六年二月廿五日

地點：本公司會議廳

出席　吳總工程師　黃大庸　劉靜九　廖世浩

陳景嵐　韋曉叙　劉佩雄　秦亞雄

楊宗樸　張儒備　劉希孟

主席　吳總工程師

紀錄　張君鼎

會報事項

一、水泥廠接用二十四廠電流由沙磁處洽辦施工放綫案

決議：照辦

一、楊芳毓公館用電度數在廿四廠售電度數內按月扣除案

決議：業務科按月將楊公館抄見度數通知沙磁處俾於廿四廠抄表時扣除

沙發文電字第0200號

一、溉瀾溪用户請求夜間供電案

決議：本公司電力不敷，暫難供給，函復各用户

一、沿江用户由表内接綫供給江邊棚户用電，燒燬電表、變壓器，請登報警告案

決議：照辦

一、用户遷移自行拆表請登報警告案

決議：照辦

一、增加零工工資案

決議：每工原為一千八百元，增加四百元，共為二千二百元，自二月十六日起支

一、各廠處嚴選員工加強取締竊電力量案

決議：由用電檢查組擬定取締區域、每組人數、詳細辦法，各廠處準備參加名單，同於下星期二會報時提出

主席 吳錫瀛 [印]

中華民國卅年貳月廿七日發出

函發文電字第0245號

已登記

重慶電力公司業務會報紀錄

時間：三十六年三月十一日

地點：本公司會議廳

出席：易宗樸　劉希孟　張儒脩　劉佩雄
秦西雄　韋疇叙　陳昌嵐　張進人
黃大庸

主席：張科長儒脩

紀錄：張君鼎

會報事項

一、本公司電表裝用完畢，新戶請求裝表應如何辦理案

決議：(1)用戶急於裝表者，請其自備電表，否則俟本公司電表運到再行安裝

(2)電表戶名與用戶不符者，請其辦理過戶手續

以上兩事登報公告

二、用電保証金改為預借電費，凡舊存單據數量較多可加蓋備記使用，如舊存單據數量不敷，則另製新單據應用案

決議：照辦

6037

三、預借電費自四月份起收以一二三月份平均電費為計算標準由何人主持計算平均電費案

決議：屬於三辦事處之用戶由辦事處派員計算屬於業務科之用戶由用戶股計算

四、業務科請購置吉普車一輛便利收費案

決議：照辦

五、產業工會請求調整待遇與考績案

決議：本案業經呈奉董事長核批照准應即速辦惟各單位甲級人員以不超過百分之三十為限

至於薪津按照去年兩次成例以實支米價與指數表上價格之差額照百分比借支一般津貼以資救濟

主席 張儒脩

中華民國卅八年叁月拾貳日發出

存

36

重慶電力公司業務會報紀錄

時間：三十六年三月十八日

地點：本公司會議廳

出席：吳總工程師 廖世浩 楊新民 劉佩雄 劉伊凡
劉希孟 易宗樸 秦亞雄 黄大庸 張進人
張儒脩 章疇叙 陳景嵐

主席：吳總工程師

紀錄：張君鼎

會報事項

一、二廠新木船行將完工，舊木船破殘不堪應如何處理案

決議：由總務科會同二廠主持出售

二、參加各小組取締竊電名單從速決定以便向政府請領檢查證開始工作案

決議：照辦，并以各廠處主管人為分組組長

三、各廠安裝馬達超過報裝匹數者超過匹數應加收保証金及方棚補助費案

發文電字第0283號

決議：照辦。

四、請求改正基本電價案

決議：向市府經濟部申請成本計算表，由會計科草擬。

五、取消平時增加進班津貼案

決議：照辦。計股長加班一次津貼三千二百元，社員二千六百元，見習二千元。

六、承祥修理電表其快慢不準確者應如何辦理案

決議：由校表室設法校正，並將原定準確尺度快慢百分之二放寬至百分之五，超過此限度者，抄表時應照電表快慢比例增減，求得實用電度。

主席 吳錫瀛

35

重慶電力公司業務會報紀錄

時間：三十六年三月二十五日

地點：本公司會議廳

出席　吳總工程師　廖世浩　劉希孟　易宗樸　劉佩雄

秦西雄　張進价　張儒脩　章曉叙　陳景嵐

主席　吳總工程師

紀錄　張君鼎

會報事項

一、撤表户數電費收據係用臨時剪票收據附借重置發電設備費每度八十元之收據係預先製就者，以後收取尾度電費應否同時收取附借電費案

決議：為數無多，暫不收，至於已經製就之附借電費收據，於用户撤表時仍應照收，由用户到公司繳款或由辦事處內業務科提取收據向用户收費

二、附借重置發電設備費四十四億元之利息應隨附借電費收足案

決議：呈請市府准予照收

三、現代廣告社函請租用電桿繪製廣告案

決議：照辦須收租金一年計一千二百萬元規定廣告高度市政機關是否准許由該社自行洽辦本公司不負任何責任

四、與工務局洽商請於四月五日以前將煤價調整費照三月份煤價每噸六萬一千元從速核定以便製票收費案

決議：照辦

五、暫定過時工作津貼數目案

決議：過時工作每日以四小時為一班每班股長津貼四仟八百元科員三千九百元見習三千元茶役二千八百元星期例假加班時間照平常辦公時間計算每班津貼當月薪津三十分之一

主席 吳錫瀛

一、原件

（印章）

（印章）

渝發文電字第0334號

重慶電力公司業務會報紀錄

時間：三十六年四月一日

地點：本公司會議廳

出席：吳總工程師　廖世浩　劉佩雄　章疇叙　秦西雄

陳景巔　黄大庸　張儒脩　劉希孟　易宗樸

張進人

主席：吳總工程師

紀錄：張君鼎

34

會報事項

一、新裝用戶之用電保證金照案收取滿三個月後抵補預收電費案

決議：照辦在收據上加蓋滿三個月後請持此據換取預收電費收據圖章

二、各取締竊電小組之憲警由各分組長就近洽借必要時可酌予招待獎金照案發給案

決議：照辦

三、暫調業務科撥票人員由業科直接指揮案

決議：照辦如不敷分配可再設法由各科股抽調但各科股不能以調出人員遺缺另行補人

四、多方設法收購電表以應急需案

決議：由購置股擬具妥當辦法迅速添購

主席 吳錫瀛

中華民國卅六年四月貳日 發出

重慶電力公司業務會報紀錄

時間：三十六年四月八日

地點：本公司會議廳

出席　吳總工程師　黃大庸　廖世浩　陳景崴

秦西雄　劉佩雄　韋疇叙　劉希孟

易宗樸　張進人　張儒脩

主席　吳總工程師

紀錄　張君鼎

會報事項

一、檢發竊電獎金辦法交與各分組案

決議：照辦

二、分頭洽詢購買電表案

決議：從速進行

三、向各兵工廠洽借電表案

決議：先與各廠口頭接洽

四、改建龍門浩分電站案

決議：照辦

五、修建南岸過江綫鉄塔案

決議：照撥所需角鉄前已請購應即購置

六、南岸分廠請催運訂購配件案

決議：照辦

主席 吳錫瀛（印：錫瀛）

中華民國卅六年四月九日 發出

30 發文 電字第 0418 號

重慶電力公司業務會報紀錄

時間：三十六年四月二十二日

地點：本公司會議廳

出席 吳總工程師 易宗樸 廖世浩 劉希孟 劉佩雄

陳景嵐 章曉叙 劉伊凡 秦亞雄 黃大庸

張儒脩 張進人

主席 吳總工程師

紀錄 張君鼎

會報事項

一、憲警協助取締竊電每次出勤應否招待香煙飯食案

決議：每次每人付給出勤津貼二千元

二、第二廠修理房舍之營造廠估價單請劉主任希孟審核與實際情況是否符合以便議價案

決議：照辦

32

三、用戶燒燬電表自購新表請予掉換舊表應折價作為廢料收回案

決議：壞表照公司定價三折收回由公司名義發表公告分貼用戶暨及三辦事處俾衆週知

四、渝西自來水公司表後綫路之材料工程費如何計算收取案

決議：所用材料作為售料由材料股開具售料發票再加工資交秦主任洽收

五、軍紡廠供電豫豐紗廠本公司應向軍紡廠收取百分之十之營業權租賃費案

決議：依據中央紙廠供電天原工廠合約原則由秦主任與軍紡廠洽定合約

六、攷績以股為單位每股甲等人員以不超過百分之三十為度如有畸零數時以不超過一人為限案

決議：照辦未交攷績者於日內交到經理室候董事長在渝核定

主席 吳錫瀛

中華民國卅六年四月廿五日發出

審核股存 三十、

31

重慶電力公司業務會報紀錄

時間　三十六年五月六日正午

地點　本公司會議廳

出席　吳總工程師　黃大庸　廖世浩　劉希孟

張儒修　陳景嵐　章疇叙　秦西雄

張進人　劉佩雄

主席　吳總工程師

紀錄　張君鼎

會報事項

一、避表用電將表撤回暫存，取締組賠費改交用戶股讓表逾期不理將表退回用戶股案

決議：照辦

二、燒燬電表經業務科允照三個月平均度數繼續收取電費者取締組查獲此種用户時應先與業務科查對以免有誤案

決議：照辦

三、燒燬電表四五百個應送修理應用案

決議：由總工程師設計辦理

四、小梘公橋大量竊電應如何辦理案

決議：由秦主任與軍需學校洽商停供該區電流

五、山洞一帶竊電用户甚多應如何辦理案

決議：第三廠修理機爐及遇有其他停電機會時山洞一帶停止供電

主席 吳錫瀛

中華民國卅[illegible]年五月八日 [illegible]

30

发文电字第548號

重慶電力公司業務會報紀錄

時間：三十六年五月二十日正午

地點：本公司會議廳

出席：吳總工程師　張玲　章疇叙　劉靜之　廖世浩
張儒脩　劉希孟　陳景嵐　秦正雄　黃大庸
易宗模　劉伊凡

主席：吳總工程師

紀錄：張君鼎

會報事項

人用户自備電表座雄為用户所有本公司不再備價收購案

決議：照辦并提董事會通過

2、無綫包燈制案

決議：提董事會討論

3、用户被盜之表爲他人購得待來、公司請求安裝應如何辦理案

決議（1）仍照收保押金（2）失表之家照章應負保護及損失賠償之責

（3）失表之家自行查獲所失之表由公司裝出者提出意見時由主管

部門簽報經理室核辦

4、十九區區長區民代表向江辦處詢問公司近況經章主任詳加解釋而退

可見此次市民發生誤會由於宣傳功夫未到家應加以注意案

決議：照辦并由張秘書君鼎負責辦理

主席 吳錫瀛

中華民國卅八年五月貳四日發出

核

劉哲

重慶電力公司業務會報紀錄

時間：三十六年五月廿六日正午

地點：本公司會議廳

出席：吳錫瀛　張玠　陳景嵐　劉伊凡　易宗樸

秦亞雄　韋疇叙　廖世浩　劉希益　劉佩雄

閻倬雲

主席：吳錫瀛

紀錄：董毓庚

29

报告事项

輪渡公司來函以後用電照付電費對本公司職工過渡一律收費

討論事項

二十一廠停電請交涉事先通知以作準備案

決議：由總工程師交涉

主席 吳錫瀛

28

重慶電力公司業務會報紀錄

時間 三十六年六月十日正午

地點 本公司會議廳

出席 吴錫瀛 楊新民 廖若浩 劉静之 劉希孟
陳景嵐 劉佩雄 秦亞雄 易宗樸 張儒脩
黄大庸

主席 吴錫瀛

紀録 董毓庚

報告事項

劉科長静之報告接辦業務科以第一段組用户股并加强工作在業務科未成立前并由陳科長景嵐負責甚多第二加强收費迄至現在已收十六億餘元平均每日約一億餘元帳面上欠費甚多者約分三種一、機關學校應付電費三分之一約數億元因未決定照收以致尚未繳票二、各工廠拒付八十元設備費又約數億元三、市府座談會解決電費辦法尚未普遍用戶尚有藉口延付者以上三項欠費至鉅應請立爲解決以便催收否則十日後收入將見減少

討論事項

一、用戶開出之遠期電費支票除由收費員口頭警告如到期退票隨剪火外此項支票擬請會計科照收以利收入案

決議：會計科照收

二、胡參議員來函請求恢復馬家店一帶電流案

決議：復火

三、已收費應裝未裝之電表約二百餘戶又壞表未修復又未裝出者若干戶均需表至急擬請公司設法購買大批電表以應業務上之需要案

決議：由總務科速購

四、生活上漲臨時工日資擬請酌予增加案

決議：臨時工應設法減少，工日資俟調查一般情形後再爲決定

主席 吳錫瀛（印）

重慶電力公司業務會報紀錄

時間：三十六年六月廿四日正午

地點：本公司會議廳

出席 吳錫瀛 劉偉雲 劉靜之 劉希益 張進人

廖世浩 陳景嵐 秦西雄 張永壽 章疇叙

易宗樸

主席 吳錫瀛

紀錄 張君鼎

會報事項

一、學校電費收票本星期內製出先收案

決議：照辦

二、急需安裝電表約五百個庫存僅九十個連同修理中電表趕速修好分別輕重為用戶安裝案

決議：照辦

三、用户燒燬電表應照原表容量賠表如所賠電表較原表容量為大公司應照新表收取保押金及用電保証金再如所賠電表仍不合事實需要必需添用變流器（10/5 20/5等々）此項變流器應由用户自備屬用户資産用户要求改表經公司許可而無表以應者亦照上項辦法辦理

決議：照辦

四、改訂臨時工工資案

決議：自七月一日起每工以三千元計算

主席 吳錫瀛

卅六、六、廿七

重庆電力公司業務會報紀錄

時間　三十六年七月一日正午

地點　本公司會議廳

出席　吳錫瀛　劉靜之　廖世浩　劉伊凡　劉希孟
易宗模　章晴叙　陳景嵐　張永書　秦丑灘
張進人　楊仿陶　閻俾雲　黄大庸　楊新民

主席　吳錫瀛

紀錄　張君鼎

會報事項

1、本星期内各開業务會議案
決議：由陳副科長与三辦事处洽定開会時间

2、催促工務局于七日前核定煤價調整费案
決議：照辦

3、杭岡學校電費票据甚多改票费時加工趕办案
決議：照办

4. 飭稽組改組增加欠費剪大戰务以加強收费効能案

決议：照办并告新組長

5. 天府宝源煤款應按交煤比例付款不應厚此薄彼案

決议：照办

6. 退票交涉由稽核室改为業务科办理案

決議：照办

7. 今後對于職員保證办法應照規定办理案

決議：由人事股办理

8. 定期召開帳务会议案

決議：由会計科主持

主席 吴錫瀛

卅六、七、三

26

卅六 七十八

重慶電力公司業務會議紀錄

時間 卅六年七月十五日上午

地點 本公司會議廳

出席 程總經理 吳錫瀛 張進人 劉静之
楊新民 黃大庸 劉佩雄 章曉鈫
陳景嵐 秦廷雄 張永書 易宗楼
張容之 廖世浩 劉希孟

主席 吳錫瀛

紀錄 張君鼎

報告事項

一、程總經理報告赴滬目的及辦理訂機結滙經過

會報事項

一、查保工作應由何部負責案

決議：職工人事保証之查保由人事股辦理，業務銀錢保証之查保由稽查股辦理。

二、欠費剪火如何處理案

決議：欠費剪火仍由業務科辦理，遇生困難時由用戶組協助之，如科不能解決者，會同經理室

三、收費員向出納股繳款時間案

三、决議：會計科出納股於每日下午三点卅分開始收取收費員之繳款

四、拖延票子及整理票子如何辦理案

决議：就公司現有人員調派不增加新人

五、業務科新办公室需之材料由陳料長按照開单向總務科領料備用案

决議：照办

六、業務科新办公室每人領用新鎖二把案

决議：由營造廠裝安給價

七、鍋爐晚間向来無電，中晚可否開設案

决議：查以向例办理

八、如何解決煤荒案

决議：向合江吉林陽竟成及其他各礦洽商源源供應，并以書面通知各煤商儘先供給煤觔

九、廠務組存有防電用户電料甚多應如何處理案

决議：由材料股派員清查估價，如本公司合用並作購買，如不合用則售与外人

十、變压器應由用户自備案

决議：照辦

十一、对于綫路較遠之用户供電應装設高壓電表案

决議：照辦

主席 吴锡瀛

24

重慶電力公司業務會報紀錄

時間　卅六年七月廿二日下午

地點　本公司會議廳

出席　吳錫瀛　楊新民　易宗模　秦茲雄　吳錫藏　張君鼎
　　　楊仿陶　張容之　黃大庸　張進人
　　　廖世浩　劉佩雄　劉希孟　章疇敘
　　　劉靜之　陳景嵐　劉伊凡　張永書

主席

紀錄

報告事項

一、劉科長報告彈性前方火線過及前方火用戶繳款情形並擬對于渝鑫、中國興業公司等欠費用戶採取較為強硬辦法

二、劉科長報告有關業務文件請先分交業務科辦理以免失去聯繫

三、吳總工程師報告第一、二、三廠存煤情形第一廠只有四天第二廠只有七天第三廠只有三天

會報事項

一、前函司民生公司洽借拖輪運煤接濟芽三廠用煤案

決議：照辦

二、芽三廠工人吳常美、吳中鐵征名入伍經保釋回

敝該公司前函芽十八區公所說明公司員工緩役

經通過免再被抓案

決議：照辦

三、舊戶遷戶舊戶遷移之電表押金數額應予

改訂案

決議：業務科擬具辦法候核

四、電料行請求代為校驗電表其收費辦法

決議：照所擬定案

決議：由業務科另擬辦法

五、李辦處簽報用戶將電表撤往窍角沱案

決議：由南辦處再度交涉

主席 吳錫瀛

卅六、七、廿

卅六、七、三一、

重慶電力公司業務會報紀錄

時間：三十六年七月廿九日正午

地點：本公司會議廳

出席：吳錫瀛　張進人　張蓉之　廖世浩　劉靜之

劉伊凡　劉佩雄　劉希孟　陳景嵐　章疇叙

楊仿陶　楊新民

主席：吳錫瀛

紀錄：張君鼎

報告事項

（一）劉科長伊凡報告經濟狀況，就煤款薪工購電費加以說明

23

會報事項

一、楊科長新民報告煤斤缺乏轉江國權寶源公司煤款用是煤又不來以後承兌匯票等應如何辦理案

決議：以後上煤多少付款多少避免匯票由經理室決定

二、機關學校預收電費是否照三分之一收取案

決議：照三分之一收取

三、江北辦事處請撥定壯丁安家費案

決議：由華主任斟酌公司及當地情形決定

四、討論議立用電限制辦法案

決議：修正通過

五、討論試用收費員甄別辦法案

決議：修正通過

主席 吳錫瀛

22

卅六 十二

重慶電力公司業務會報紀錄

時間 三十六年八月五日正午

地點 本公司會議廳

出席 吳錫瀛 張玠 黃文庸 劉伊凡 楊新民 韋嶠叙
廖世浩 慕亞雄 劉靜之 張容之 陳景嵐 張承書
易宗樸 楊仿濤

主席 吳錫瀛

紀錄 董鍚庚

報告事項

吳總工程師報告（大畧）（一）此次二十四工廠同、五十工廠停電原因為、公司向其提出（1）機械學校優待電費應照三分之一優待辦法比例分担（2）一二兩月購電費須照八折計算、經工務局召集座談會解決兩廠均已承認惟本公司之一千二百KVA變壓器燒壞二十四廠供電區域祇能供給一線（二）廿四工廠直接供給製呢廠電流違反電氣規則公司已去函嚴重交涉如不撤銷合同即應（1）所收電價應除去管理營務等費用只能照本公司電價百分之四十收費（2）沙磁區所有聯勤總部綜屬機械學校工廠在此項事端未解決以前一律請由該廠供電、或尚未接洽其本公司并準備向經濟部控訴也（三）購五十廠轉供水泥廠以供出之水泥廠之邀該廠來函請求清償欠費應由會計科予以按月結算由水泥廠付清以利購電

0892

會報事項

一、營務科核表工作展開請三辦事處幫助案

決議：由電務科主辦臨時通知主管處派工幫助

二、領收一月電費工作已將準備就緒惟收取時尚有困難請求注意案

決議：領收電費票與正票一同收費如有詢問由收費員予以解答

三、凡用戶請求改裝電力表請工程部門於改表後通知業務科改表後之實用馬力匹數以備登記案

決議：照辦

四、凡過停電請即通知各廠處及業電兩科案

決議：照辦

五、學校電費因八月二日各報披露消息後又有觀望本公司所登之聯合聲明請賜三十份交收費員携帶向用戶質疑便利收費并請公司注意以後問題案

決議：總務科購送

六、各單位月終帳表逾期不送者擬請經理室作硬性規定以明責任案

決議：上月帳表務於下月十日前送達會計科逾期未送者由各主管自負責任

主席 吳錫瀛

卅六、八、十八

重慶電力公司業務會報紀錄

時間　三十六年八月十二日正午

地點　本公司會議廳

出席　韋暁叙　秦更雄　張啓之　吴錫瀛　陳景嵐　劉靜之
易宗樸　劉伊凡　劉希孟　楊新民　廖㕛浩　張永書
張玠　楊仿濤

主席　吴錫瀛

紀錄　董毓庚

報告事項

劉科長伊凡報告：公司經濟近來較以前更為艱窘，七月份工資在十三號始能發清，而本月半煤款需十一億尚在設法籌中。艱窘原因由於煤米兩項價格激漲，致支出加大，出納股付款以煤款第一、發員工薪工第二，購電費和維持發電材料費等尚在其次，有時尚以預期支票應付。本月份職工薪工發放時間必遲，請各主管轉告同仁予以體諒，並希望預收電費早日收進以供支拂。

吴總工程師報告：請各主管注意對所屬請求轉報事項，請先仔細審核與公司規章相符再為轉報，以節時間。

會報事項

一、預收一月電費票已備好，請辦事處提票案

決議：電力用戶之燈力表票由辦事處自行洽收，普通戶由業務科代收

二、華[illegible]紡織廠等每月用電度數由抄表股通知沙办廠於卅四廠電度數內扣除，逕報總工程師案

决議：照辦

三、損壞電表請由業務科通知三辦事處將表燒壞電表擬請斟酌情形賠償換表案

决議：照辦

四、加強欠費剪火工作案

决議：由業務科與電務科三辦事處加強聯繫

五、木桿鐵絲請速購置案

决議：電務科決定最低需要數量通知總務科速辦

六、職工公民身份証請統籌辦理案

决議：由秘書室統籌並由各主管派員會同辦理公民証由各主管負責彙集

七、社會局來令索取七月份職工薪工應如何辦理案

决議：緩報

八、月半到期煤款約十一億元請早準備以免影響來源案

决議：由會計科籌付

九、公司買煤在原則上只買礦商之煤運商向不採購擬請破除情面不予收購案

决議：原則可行為適應環境應以採用好煤為是

21-1

十、各廠理髮室用電與理髮工人用電應加限制案

決議：福利社自設立之理髮室及各部門之特別理髮室照公司用電辦理，至理髮工人本人用電照一般用戶辦理

十一、業務部門對外發生業務糾紛應如何辦理案

決議：原則可暫由稽核室稽查股會同原主管部門辦理，詳細办法待經理室核定

主席 吳錫瀛

20

重慶電力公司業務會報紀錄

時間 三十六年八月十九日正午

地點 本公司會議廳

出席 楊仿濤 易宗樸 張玲 吳錫瀛 黃大庸 劉伊凡
劉希益 張永青 楊新民 劉佩雄 覃曉叙 張容之
廖世浩 陳景崴 秦亞雄

主席 吳錫瀛

紀錄 董毓庚

會報事項

一、職工用電登記請各主管代催速為送達請確實填寫并不得使用兩路火線案

決議：照辦

二、天府公司來函要求每煤一噸增加轉江費兩萬元寶源公司又多日不來煤應如何辦理案

決議：轉報工務局社會局核示

三、領用庶務用品請各部門撙節核支以節公帑案

決議：照辦

四、福利社洗衣失火幾致成災擬請追究責任并將洗漿部門另遷地點以維清潔案

決議：由總務科簽報核奪

五、非辦公時間請嚴禁出入案

決議：由秘書室製發証章，交職工佩帶，以資識別考查

六、月底需款約二千億，請業科三辦事處加緊催收電費，同預收電費，以資接濟案

決議：業科三辦事處加緊催收

七、國民身份証在本月廿五號截止登記，請各單位加速辦理案

決議：各主管注意，務於廿二日前辦竣

八、公司房產投保火險，請總務科速照上次會報決議辦理案

決議：由總務科列表報核，并先投保總公司房產

九、生活上漲，臨時工日資三千元不足維持，擬請增加案

決議：每工日資加為五千元，并自八月十六日起支

十、學校接收用戶電表請求過戶，應如何辦理案

決議：不能過戶

十一、向教育局索取立案學校名冊，以憑優待用電之考查案

決議：由秘書室備函

十二、機關學校用電優待請指示範圍案

決議：由業科擬具辦法再定

十三、機關學校報裝新戶，請三辦事處查實再裝，并規定一校應裝電表數量案

決議：一校裝用一表為原則，優利核計

20-1

十四、燒壞電表應請限時修好以應用户需要案

決議：僕處理燒毀電表賠償換表改表辦法通知由各有關部門研究後再為討論

十五、查獲小櫬子用户在兩處變壓器上接用電流應否准許接線并退還材料案

決議：不准接線并不退還材料

十六、戲園電表使用進火線對公司計度損失頗大應否取締案

決議：由電務科查明整理如確因電壓太低勉予通融使用升高變壓器

十七、新營業廳容納幾部辦公在裝修上請加注意案

決議：總務科會同有關部門辦理

十八、收入預收電費請規定繳納手續案

決議：以當日收款當日繳交出納股為原則至遲不超過第二天各辦事處并由處主任負責核查

十九、民生公司來函請在唐家沱等棧棧用五十兵工廠電流應否照准案

決議：原則同意由本公司在五十二廠裝一總表每月由公司抄表轉向民生公司收費

主席 吳錫瀛

重慶電力公司業務會報紀錄

時間：三十六年八月廿六日正午

地點：本公司會議室

出席：吳錫瀛 張玠 劉佩雄 劉希孟 楊新民 張容之
張永書 秦亚雄 陳景嵐 廖世浩 黃大庸 劉伊凡
易宗樸 楊仿濤 章曉叙

主席：吳錫瀛

紀錄：闕偉雲

會報事項

一、學校接收用戶電表上次會報以時價問係決議不能過戶，但因此與用電戶若不符於營業章程有無抵觸，是否仍予過戶，請考慮案

決議：准其過戶，時價問題由經理室衡酌處理

二、天氣亢陽，火警堪虞，公司各地房屋請速投保火險案

決議：先投保公司房屋，管理方面辦公時間內由各部份負責，辦公時間外由總務科負責，如發生問題由經理室會同總務科及各該部份解決

三、近來西藥價格上漲，公司每月以百萬元醫藥補助費不敷甚鉅，請增為一千萬元案

決議：自八月份起每月增為一千萬元，醫藥章則由福利社查酌修改

四、公司損毀電表甚多，請列一統計數字，以憑處分案

決議：由業務科三辦事處將損毀電表列表送校表室修理，其有不能修理者

由稽核室列表送請經理室核銷

五、用戶有用燈不多裝用兩表者應如何辦理案

決議：一戶不能裝用兩表

六、公司虧損太多請業務科三鎮事務所協助催收損收電費以渡難關案

決議：由業務科三鎮事務所限期催收，永廠紗廠等大用戶如逾期不繳即照日常手
債務人停電

七、八月份工資如何發放案

決議：八底以前發八半工資，九月五日以後十五以前發八底工資

八、彈子石燒燬之二百KVA變壓器現已修好，為未來安全計，擬請在未裝復前由公司致函警校協助取締該處一帶竊電案

決議：由公司備函并由檢查組會同南郊事務所第二廠辦理

九、二廠用電時間如何限制案

決議：限制用電時間夏令為午後七時半至十一時半，平時為午后五時至十一時半

十、二廠存煤用盡須大量添煤并須籌款案

決議：總務科速設法配運

十一、公司內部既已調整公司組織章程應速修改案

決議：先由秘書室擬修改后送請董事會核定

18

卅六、九、十二

重慶電力公司業務會報紀錄

時間：三十六年九月二日正午

地點：本公司會議室

出席：廖世浩　秦西雄　孫新傅　吳錫瀛　張永書　劉佩雄　陳景嵐

章畯叙　張玲　劉希益　黃大庸　馬宗濮　張容之　楊仿濤

劉伊九

主席：吳錫瀛

紀錄：董毓庚

會報事項

一、黃科長大庸報告：截至八月底止共向商業銀行借款十二億，國家銀行借款廿一億，挪用建設費四億，八月份下半月薪工及九月煤款尚需卅億，應籌謀澈底辦法以挽救經濟危機，并建議開源辦法：（1）向國家銀行請求增加貸款數額，以減低高款利息；（2）請求調整電價，補償債務損失；（3）當月電度照當月核定煤價，煤票不再以上月煤價、煤票，以減少損失；（4）加強竊電取締。

決議：本公司經濟困難情形，聞報劉董事長請示，其餘照辦。

二、南岸裕華紗廠每月用電不多，原有之六百KVA變壓器太大，擬予改裝為二百KVA變壓器，并為裝一高壓電表，又申新、歲豐、警官校等用電亦由裕華之六

[illegible]KVA變壓器供電在該變壓器撤後并擬分裝小變壓器及高壓電表、節
電流案
決議原則通過由電務科擬具办法後再為辦理
三、欠費剪火發生衝突以後應如何辦理案
決議凡遇執行有困難之户交由用電檢查組辦理
四、臨江路華得來茶社及社會部全國合作供銷處之長易光祀阻擾本公司催費
并毆辱工友胡占雲應如何办理案
決議先行登報警告易光祀限日前來解決如逾限則停供該段電流
五、參加清理竊電賠費舊案之警局工作人員應如何支給津貼案
決議計警察員二員每月各送輿馬費一十五萬元分局巡官一員月送輿馬費一
拾五萬元警士每人日支津貼四千元按日計算以辦完積案為止
六、工人工資已有超過級其超級之正工資同加工工資之超級部份應如何支給案
決議正工加工未超級部份照當月指數計發正工加工超級部份照上年十二月份
指數計發并由經理室公佈

主席 吳錫瀛（印）

17

卅六、九、十六

重慶電力公司業務會報紀錄

時間　三十六年九月九日正午

地點　本公司會議室

出席　張　玠　章曉叙　張永書　吳錫瀛　楊仿濤
　　　易宗模　黃大庸　劉伊九　陳景嵐　廖世浩
　　　張容之　秦亞雄　劉希孟

主席　吳錫瀛

紀錄　董毓庚

會報事項

一、吳總工程師提請業電兩科三辦事處注意凡未經註冊承裝電料工匠前來代人辦理裝表手續者請予注意以免外界訾議

二、易光祀經警告仍未到公司解決問題已自昨日起停供該段電流以後又應如何辦理案

決議　除仍舊停電外并函該合作社主管機關促其趕速解決

三、查獲用戶有兩面用電又裝有兩表者應否加以取締案

決議　原則取締并先報工務局備案

主席　吳錫瀛

[illegible]字第1016號

卅六、九、十、

重慶電力公司業務會報紀錄

時間：三十六年九月十六日正午

地點：本公司會議室

出席 吳錫瀛 張 玲 廖世浩 張容之 楊新民 黃大庸 劉佩雄

孫新傳 劉希孟 易崇濮 秦西雄 張永書 陳景嵐 章疇叙

劉伊凡 楊仿濤

主席 吳錫瀛

紀錄 董毓庚

16

會報事項

一、吳總工程師報告 臨江段停電案經該段居民要求以書面證明本公司工友胡占雲被合作社供銷廠羅先祀毆辱作證據外並請求復電，公司以請求合理，除華得來茶社外已予復電

二、用電組與各廠處取締竊電案件之處理如何解決案

決議：參照上次會報紀錄一、普通案件由組解決，二、特殊案件徵詢各廠處意見後解決，各廠處如有事先提請注意

三、楊科長新民報告一、三十五年度工友事假獎金領款冊請各單位從速造送以便發放，二、九月份職工薪津約計六億二千萬元，工友半月工津約計六億九千萬元，時值秋節，請早為準備

決議：一、各單位從速造送；二、交總務暫定職工各發半月薪津，請業務科加緊收費，會計科統籌配發

四、業務科請電務科撥一部份工人與業務科直接派用，以利催費剪火工作

決議：照辦

五、儀閩學校超級電費數字複雜製票太繁擬請會計科研究後交業務科辦理案

決議照辦

六、工務局檢查已領執照之電氣承裝商號共計兩家又電匠九十名是否全准代辦承裝手續請決定案

決議報請工務局核示

七、福利社聘雇員工是否照公司職工享受用電案

決議非公司直接派用員工不得享受

主席 吳錫瀛

15

卅六、九、廿七

重慶電力公司業務會報紀錄

時間：三十六年九月廿三日正午

地點：本公司會議室

出席 張玠 吳錫瀛 張永書 徐新傳 劉佩雄 陳景嶽
秦亞雄 劉希益 張蓉之 冕宗僕 廖世浩 章嘯叙
楊新民 黃大庸 劉伊凡

主席 吳錫瀛

紀錄 董毓庚

會報事項

一、南岸分電站擬另購地皮改建以防火險惟購買地皮照地方習慣擬邀請當地人士一次以利進行案

決議 照辦

二、用戶以空頭支票繳納電費者擬移送法院辦理請指定專人辦理案

決議 由法律顧問研究後決定

三、二廠因缺煤已停機一部請速運煤接濟案

決議 總務科迅運煤接濟并飭煤棧員工隨到隨起

四、業務科帮助催費員暨火警士待遇如何支給案

决議照檢查用電警士待遇支給并由用電檢查組向警局總請分撥

五、避表用電經查獲處辦後請有關部門退予復業案

决議照辦

六、有關機關主要人員避表用電經處辦後擬請照章予以裝表案

决議由總務科識查電表行情呈報經理室俟核定公佈保押金價格後再着開办

七、每月煤價擬請通知各廠案

决議由秘書室通知

八、有關電務事項請各單位直接通知電務科以宏效率案

决議照辦

主席 吳錫［印］

重慶電力公司業務會報紀錄

時間二十六年九月三十日正午

地點本公司會議室

出席 楊新民 吳錫瀛 張進人 韋暢叙 張容之 秦西雄

陳景嵩 張永書 劉佩雄 劉希孟 易宗樸 黃大庸

廖世浩

主席 吳錫瀛

紀錄 張君鼎

會報事項

一、本公司庫房應用石料或混凝土建築請速決定以免物價上漲影響預算案

14

決議：由總工程師室考慮後決定

五、天廚味精廠請本公司派工代為植桿放綫案

決議：俟與該廠派員洽定再辦

六、低壓電表改換為高壓電表後燈力度數依何標準決定案

決議：由陳秦兩科長研究後由經理室決定

七、新户電表押金應照電表市價計收按月調整一次案

決議：照辦

主席 吳錫瀛

卅六、九、三、

12

重慶電力公司業務會報紀錄

時間　三十六年十月七日正午

地點　本公司會議室

出席　吳錫瀛　劉佩雄　黃大庸　張容之　章疇叙　陳景嵐

張進人　廖世浩　易宗樸　劉布孟　孫新傳　秦由雄

張永書　楊新民

主席　吳錫瀛

紀錄　張君鼎

會報事項

一、直接稅局派員洽請本公司將印花稅每五日結算一次案

決議：函復該局照辦，公司財政困難，該局及所屬機關積欠電費達數千萬元，請准予

二、九底工资在十四日后二十日前发出案
决议照办
三、接户器材价目按月调整希各单位照新价收取案
决议无异议
四、应付地价税由公司统一结算案
决议照办
五、一至八月份补发加薪定于本月廿三日后发给案
决议照办

卅六、十、十二、 主席 吴锡瀛（印）

重慶電力公司業務會報紀錄

時間 三十六年十月十四日正午

地點 本公司會議室

出席 吳錫瀛 黃大庸 易宗樸 劉希孟 章疇叙

秦西雄 陳景嵐 廖世浩 劉佩雄 歐陽鑑

張承書 張容之 張進人 揚新民

主席 吳錫瀛

紀錄 張君鼎

會報事項

一、九底工資改於二十日發出案

11

決議無異議

二、燒煤競賽獎金酌予提高案

決議由各廠主任會商決定

三、各廠臨時工案

決議臨時工儘量減少工資增為每工七千元自下期起實行

四、南辦處建築分電站地皮需款壹百餘萬請儘先撥付案

決議照辦

五、陝西街同盛電料行偽造封誌應如何辦理案

決議依法起訴由秘書室函請社顧問律師具狀地方法院

六、十月份薪工如何發放案

決議截至月底止電費收入達到二十億時薪津先發半數

主席 吳錫瀛

卅六、十、卅

13

重慶電力公司業務會報紀錄

時間：三十六年十月二十一日正午

地點：本公司會議室

出席：吳錫瀛 歐陽鑑 張永書 陳景嵐 章畴叔
劉伊凡 劉希孟 孫新特 易宗樸 廖世浩
張容之 黃大庸 張進之

主席：吳錫瀛

紀錄：張君鼎

會報事項

一、本月底前需款二十八億應如何應付案

決議：加緊收費取締竊電重行劃分輪流停電區域及日期並佈經濟困難
新聞本月應付煤款十五億元商請煤商緩收并將公司困難情形報告
劉董事長及程總經理

主席 吳錫瀛

卅六、十、廿四

卅六、十、廿八

9

重慶電力公司業務會報紀錄

時間、三十六年十月二十八日正午

地點、本公司會議室

出席 吳錫瀛 韋嘯叔 劉佩雄 劉靜之 楊仿陶 易宗樸
張容之 杜岷英 楊新民 廖兴浩 秦毋雄 張進人
歐陽鑑 張永書 孫新傅 陳景嵐 劉伊九 劉希孟
黃大庸

主席 吳錫瀛

紀錄 張君鼎

會報事項

一、劉科長靜之報告有關業務三事

甲、林森路一帶用户以收費員表示停電次數太多停電時間又長因之收費困難希望重行劃分輪流停電辦法時予以注意

乙、經濟狀況 十月份報票金額七十六七億收入六十二億庫存票據一萬九千三百多張共七十九億除整理票市府所屬機關票及自來水票外僅存票據一萬一千七百餘張金額僅四十幾億全數收入亦不能解救公司危機現在要向國家銀行商請低利貸款還清高利貸款借入長期償款償清短期負債并向大户預借一個月電費

丙、報館電費以付費三分之一問題未能解決應收未收票據有七百多張金額一億五千

多萬

二、劉科長伊凡報告本公司支出情形煤及薪工每月需款六十億賠電費十幾億利息五億又一百四十四億貸款應還本息五億幾事務費尚未計入現在不是週轉不是收費根本問題是收入不敷的問題

决議（一二兩案詳報劉董事長請速回渝主持

三、海防香港損失器材請政府對日賠償交涉予以補償案

决議 查案申請

四、製呢廠請改善電廠案

决議 由二十四廠改供

五、電表押金十一月一日起調整案

决議 由總務科擬定通知有關部份照辦

六、張組長容之報告大坪及青中學竊電情形

决議 青中竊電依法起訴

七、警察局派來督察及警察出勤飯費應予增加案

决議 由用電組簽請核定

八、楊科長新民報告十月份上半月工資八億元向中央交通接洽均無現鈔候日內抵機運到始有現鈔發給煤款二十二億六千萬尚無着落又工程購料庶務用品加班津貼等應力求撙節案

决議 領用文具物品辦法由經理室通知各部門照辦

9-1

九、修造保險庫案

決議　經濟困難緩建

十、黃科長報告公司負債情形商業銀行負債十五億國家銀行負債十九億又七八九月虧損三十億預計十十一十二三月虧損約達三十億本年虧損可達六十億本比較能可以渡過十一月半十一月底萬分困難年前又需發給年終獎金無法維持請籌良策案

決議　照一二兩案辦理

主席　吳錫瀛

吳錫瀛

8

重慶電力公司業務會議紀錄

時間：三十六年十一月四日正午

地點：本公司會議室

出席：吳錫瀛　杜岷英　張進人　劉伊凡　劉靜之　劉佩雄　陳景嵐
廖世浩　韋晴叙　黃大庸　劉希孟　楊新民　秦西雄　楊仿陶
張容之　張永書　孫新傳　歐陽鑑

主席：吳錫瀛

紀錄：張君鼎

會議事項

一、各廠處及城內宿舍兩處扣取宿費辦法重加改訂案

決議：由人事稽查庶務三股會商擬定辦法，由楊科長為召集人

二、人和灣宿舍增加房租案

決議：由住宿人員擬定辦法，公司代表交涉

三、用戶請求橫桿放綫應如何辦理案

決議：郊區及竊電區域絕對不准橫桿放綫，城區可酌量情形辦理

四、用戶請求改用小表案

決議：大表改換小表，照新價收取保押金，如不願辦理，仍照大表收取底度費

五、教育學院重慶中學等請求換用大表案

決議：照技術立場來說應予放大

六、電力用戶自行增加馬達案

決議：查獲後予以取締或改裝電表

七、材料燃料應報三股月報案

決議：限一週內交總務科彙轉會計科

八、十月份下半月工資何日發放案

決議：俟十日薪津期票兌付後即籌款發放

九、用電檢查組查獲竊電燈泡照四分之一市價售由公司承購案

決議：照辦

十、報聯會商請照學校機關例優待所屬會員報館用電案

決議：照辦

十一、江辦處地皮加租案

決議：由總務科洽辦

十二、新生市場裝用總表收費困難可否改由各用電戶頭直接裝表案

決議：接戶材料缺乏緩議

主席 吳錫□

卅六、十一、十四

卅六、十一、十三、新

重庆电力公司业务会报纪录

时间：三十六年十一月十八日正午

地点：本公司会议室

出席：吴锡瀛　韦嘘叙　秦亚雄　刘佩雄　孙新传　易宗模　刘静之
刘希孟　张永书　欧阳镒　刘伊九　杨新民　张容之　张进人
杨彷涛　陈景岚　谈大庸

主席：吴锡瀛

纪录：张君鼎

会报事项

一、刘科长伊九报告本月收支情形，十五日前可收二十亿，备付煤款，十六日起收入先付工资，再筹发职员十一月份本月薪津。

二、刘科长静之报告今日煤价议整，资格准发下十三日开始制票，至早十五日上街收费，对于本月开支不能尽力

1288

三、楊科長新民報告十一月份新工較十月份增加百分之四十，估計本月份新工支出約三十億元。

四、第六區公所請本公司補助自治經費五百餘萬元，其他各廠處亦有請求補助者，應如何辦理案。

決議：比照政府規定酌量捐助，大漢濟廠爲一戶，捐助若干，職工住宅由職工照規定級數捐助。

五、三廠工人住宅沿成渝鐵路者約五十家，應於明年一月四日前遷讓，工人請求設法另覓住所案。

決議：由三廠協助租房，所需押金由公司酌量貸與。

六、彈子石方棚第二次燒燬應如何辦理案。

決議：調查正當用戶若干、竊電戶若干，登報說明停電原因，較大方棚保險改低。

七、二十一廠內開關應設法移出案。

決議：照辦。

八、行轅用電如何改善案。

決議：自七星崗至行轅專線施工上困難，請行轅協助解決，經常掉換開關停電時間呈報行轅備查，臨時停電以電話通知行轅總務處。

主席 吳錫瀛

10

重慶電力公司業務會報紀錄

時間 卅六年十二月十八日正午

地點 本公司會議室

出席 吳錫瀛 易宗模 張進人 章曉叔 陳景嵐 劉佩雄 歐陽鉞 徐新傳 秦西雄 張永壽 劉靜之 劉伊凡 劉希孟 張容之 廖世浩 黃大庸

主席 吳錫瀛

紀錄 張君鼎

會報事項

一、劉科長伊凡報告上月工資已開始發放本週內可發畢下週可發薪津月底應付煤款須將大票製出收費

二、劉科長靜之報告（1）業科遵照會報決議實行管理文具紙張（2）加緊製票收費以應月底需要

三、張組長容之報告查獲竊電取回作証之灯泡檢查組同人願意全部捐獻公司前議作價四分之一作罷

四、黃科長大庸報告福利儲金已超過三十億事務日繁儲蓄部份應請另設一人為監

暂增加會計人員一人

五、三廠堆存劣煤与煤渣接近有延燒之虞應如何處理案

決議 由三廠就近出售報繳公司

六、臨時工資不應積壓案

決議 按月發給

七、南岸分電站地皮擬另租的函請區民代表會簽訂案

決議 照辦

八、三廠廢鐵各廠派工搜集内中國興業公司掉換灰口鐵翻製管子案

決議 照辦

主席 吳錫瀛

重慶電力公司業務會報紀錄

時間 三十六年十二月二十五日正午

地點 本公司會議廳

出席 程總經理 杜岷英 吳錫瀛 童曉叙 廖學浩 陳景嵐 劉佩雄

張容之 楊新民 秦亞雄 歐陽鑑 孫新傳 張永書 張進人

劉靜之 劉希益 易宗模 黃大庸

主席 程總經理

紀錄 張君鼎

會報事項

一、近來煤源不暢，天府寶源均以交通工具缺乏，煤款積壓為由，未能積極運煤接濟

收發文電字第1353號

6

遂川公司來煤一千餘噸勉可燒用本月應付煤款二十五億應如何籌劃案

劉科長靜之報告十一月份製票金額可能達到一百四十億新電價十三日始奉到二十日上街收費此次電價增高用戶付款較遲本月底收費數字恐不敷煤款開支

決議　業務科儘力趕收

二、二十四廠供電在六月份以前尚屬正常七月份以後大石埧同沙坪埧區域該廠供電佔百分之六十第三廠供電僅佔百分之四十應請廿四廠在下午五時至十一時間維持正常供電案

決議　函請該廠辦理

三、磁器口製呢廠用電既由二十四廠供給改接綫路尚未辦理案

決議　與二十四廠洽商辦理

主席　程本臧（印：程本臧）

卅六、十一、廿八

5

卅六·十二·九

已抄

收發文電字第1387號

重慶電力公司業務會報紀錄

時間 三十六年十二月二日正午

地點 本公司會議室

出席 吳錫瀛 楊新民 張進人 張容之 黃大庸 陳景嵐 秦再雄
劉佩雄 廖世浩 孫新儔 歐陽鑑 劉伊凡 易宗樸 劉靜之
張永書 杜岷英 韋疇叙

主席 吳總工程師

紀錄 張君鼎

會報事項

一、冰廠欠費截億餘元約定十二月五日起至月底止付清，冰廠要求停電前剪火不撤表與營業章程不合應如何補救案

決議：對於季節性用電免收底度費一事由秘書室擬定草稿送業務科決定後呈請主管核閱核定實行

二、增加接火費校表費案

決議由業務科擬定辦法送經理室核定

三、職工薪津所得稅自十二月份起由公司代扣繳案

四、五日報繳印花稅一次案

決議由經理室通告

決議函知稅局說明困難

五、夜晚六時至十一時越機爐不勝負荷請設法改善案

決議由供電組派員召集業務處業務用電檢查組及三辦事處會商解決辦法(甲)增加停電地點(乙)採用包燈制(丙)縮短供電線路

六、自來水公司支票昨又退票影響公司信譽至鉅應如何辦理案

決議仍請於二日十六日交保付支票函該公司并呈工務局以後由收費股與自來水公司接洽

七、十一月上半月工資正準備中惟尚差兩行缺乏現鈔現正設法取現案

決議由各主管轉知所屬知照

八、備煤款萬順貸款已通過請總務科與煤商洽定贖運辦法案

決議照辦

九、日來出納股未收到現鈔煤力均無法支付案

決議由經理室通知收費股繳交電費非用戶所出支票出納股拒絕接收出納股亦不得以現鈔掉換支票

十、彈子石正街方棚燒燬三次此次需修理費壹千五百萬元公司損失甚鉅應設法與正當用戶共同呼請除竊電否則不予恢復對於南洋兄弟煙草公司等大用戶改裝高壓電表案

決議照辦

十一、呈請市府行轅會銜佈告嚴禁偷竊電表案

決議照辦

主席 吳錫瀛

4-1

十二、交辦費及出勤津貼已照十月份指數計算，暫照審核十一月份仍照十一月份指數計算俾符董事會原案案

決議 照辦

十三、業務科劉科長報告上月份收費情形及十二月份收票金額總數大約六十餘億，明日上街收費比期需款迫雜濟急用戶希望提高電廠臨時停電儘速登報公告上月份應收未收電費達九十億，擬請增加收費員十名儘速收費案

決議 由學徒工役中提升十名收取，規則另訂之

十四、第二廠劉主任報告（甲）在原中學學生到廠請願（乙）第一線路各廠到廠請願（丙）軍官總隊武裝到廠請願，希望供給好煤電，遂川劣煤不收，三條線路負荷加以調整，使其平衡案

決議 照辦

十五、沙坪壩自治經費商減為三十萬，大溪溝擬攤三百萬，其他各處設法商減，由公主管簽請經理室核定案

決議 照辦

卅六、十一、十二

主席 吳錫瀛

4

重慶電力公司業務會報紀錄

時間 三十六年十二月九日正午

地點 本公司會議室

出席 吳錫瀛 張進人 張容之 楊新民 劉佩雄 劉靜之
易宗樸 陳景嵐 秦亞雄 廖世浩 劉希孟 張永書
章晴叙 歐陽鑑 黃大庸

主席 吳總工程師

紀錄 張君鼎

會報事項

一、季節性用電加收保證金及公共娛樂場所用電每月分三四次抄表收費案

決議 由秘書室擬稿呈請主管機關核定（按公共場所每半月或每旬抄表收費一次營業章程已有規定）

二、自來水公司電費由何人主持收取案

決議 由業務科負責

三、冬季儲煤由總務科負責洽購案

決議 照辦

四、用戶用電保証書查保手續應如何規定案

決議 由秘書室查案擬具辦法

五、野貓溪在原中學竊電案
決議：(甲)將經過情形分報行轅、市府、工務局、警備司令部、市參議會、教育局
(乙)請杜律師依法解決
(丙)請抄表股即往抄表作為起訴證據之一
(丁)供給在原中學之方棚停電并登報公告
六、青年中學竊電案
決議：由檢查組繼續交涉
七、紅十字會醫院於三十四年中請用電繳付保押金而未裝表，先行用電，近經檢查組查獲，應如何辦理案
決議：由營業部依照補收電費辦法辦理，現在裝表改照目前保押金數額收費
八、本年一月十日職員津貼開付川鹽銀行支票無現鈔付給，請轉知各部人員不去兌取現鈔案
決議：照辦
九、五十廠定本月三十日晚起至一月六日止修理機爐停電，本公司轉供水泥廠、海棠溪、黃桷埡、望龍門一帶停電案
決議：先期登報公告
十、臨時工工資改照本公司米貼價（一担米之價）付給案
決議：照辦，由經理室通知
十一、十一月份下半月工資由十六日起至二十日開發給案
決議：照辦

重慶電力公司業務會報紀錄

時間：三十六年十二月十六日上午

地點：本公司會議室

出席 程總經理 張容之 楊新民 歐陽鉞 孫新傳 蔡亞雄 廖世浩 張永書 章畴叙 陳景嵐 劉靜之 劉佩雄 劉希孟 張進人 黄大庸 劉伊九

主席 程總經理

紀錄 張君鼎

會報事項

一、張組長容之報告在原中學及青年中學竊電交涉經過，青中竊電與警局洽定明日由警局派幹員一名陪同前往作澈底解決

二、本年底工廠停用電力業應登報公告并由各科調員協助用電檢查組辦理案

決議：照辦

三、楊科長新民報告與天府寶源交涉冬季購煤經過案

四、鄒公若迷議呈盜案以後發給各廠工資時請酌量僱派憲兵數人護送并函二十一廠囑警衛人員保護廠務安全案

决議 照辦

五、發給薪工支票川康川鹽兩行已拒絕再辦現改由同心銀行民權路辦事處代辦案

决議 無異議

六、劉科長静之報告收費情形并請速調人員加緊收費案

决議 由各科室廠處各調一人幫助收費暫以三月為限會計科當場指定姚文安担任其他各部份限三日內將名單送出

七、劉科長伊九報告負債情形各商業行莊債額十六億陽曆年底需款五十億農曆年關以前需款二百億請速收費以濟要需案

决議 增加收費員趕速收費

八、第二廠請撥籽煤案

决議 劣煤拒收

卅六、十二、十九、

主席 程本臧

卅六、十二、廿五

重慶電力公司業務會報紀錄

時間：三十六年十二月廿三日正午

地點：本公司會議廳

出席 程總經理 張容之 吳錫瀛 劉希孟 歐陽鉞 黃大庸 劉伊凡
劉佩雄 陳景崑 易宗樸 秦西雄 廖世浩 張進人 張承壽
劉靜之 章疇叙 孫新傳 杜誠英

主席 程總經理

紀錄 張君鼎

會報事項

一、年關在邇，職員十二月份及工人十一月份工資尺薪津如何籌發案

決議：看三數日內收費情形如何再行決定，如收費困難，職員工友可分別借支若干

二、劉科長錫五報告用戶以電費過高收費困難，工務局派員有時兩三天不來蓋章，製成眾怨

不[illegible]敷善案

決議：[illegible]工務[illegible]即日到公司工作

三、本公司整理渠不能超過九億設法清理分撥呆帳須收權貸票據約八億份內各辦事

廢給股案

決議：照辦

四、會計課[illegible]送股費員之十二月份薪津仍由原處遞泰案

決議：照辦

五、職員[illegible]請自十二月份起每月增加薪俸千六百萬元共為二千八百萬元案

決議：照[illegible]份每三月調整一次

主席 程本臧

37發文電字第54號

39

重慶電力公司業務會報紀錄

時間：三十七年元月十三日正午

地點：本公司會議室

出席：黃大庸 廖世浩 楊新民 劉佩雄 張容之 章晞叙 劉希孟

秦西雄 張永書 陳景嵐 張進人 歐陽鑑 孫新傳 劉靜之

主席：黃科長

紀錄：張君鼎

會報事項

一、楊科長新民報告（甲）冬季儲煤與寶源訂約二千噸付款十三億餘元，天府二千噸合約尚未簽訂，中信局派駐稽核平定銘已到公司（乙）本月份電價改照經委會新定辦法計算，工務局尚未核出（丙）十二月份指數增加百分之三十，薪工開支約五十幾億，薪津表已由廠務股編報，工津表坐各主管飭造，有錢即發（丁）本月應付煤款五十八億，計天府三十二億、寶源十四億、燧川九億五、電一為二億（戊）公司代扣職工十二月份所得稅，稅局未來收取逕、遞會計科暫存

二、黃科長大庸報告本月份開支需二百五十億，計元月份薪工五十二億，年終獎貸金四十八

億，煤款五十八億，商業行墊借款二十九億，應付利息十億，以外交行借款有十八億本月到期

收回，此款由川康、川鹽懇免並向交行洽請展期，尚無結果，俟新電價核出請業科及三分廠

主任分向大戶洽借，以濟急需。

三、劉科長靜之報告：截至十二日爲止，共收繳電費票據六千八百九十六張，金額四十億零七千餘萬元，新發票據五千一百八十八張，金額九十三億八千餘萬元，庫存票據二萬一千八百四十張，金額一百九十七億一千餘萬元，水泥廠、天原電化廠、五十廠等轉賬電費三十一億在内，舊歷年關前如收費各種需要不生問題時，可能收達一百五十億，與黃科長所報需要二百五十億相較尚差一百億。

四、本公司營業章程應加修訂案

決議：下星期二上午由陳科長、三辦處主任會商修改。

五、市屬各機關欠費抵付營業稅，業務科將上項票據清出交會計科記賬案

決議：照辦

主席 黃大庸（黃大庸印）

63

重慶電力公司業務會報紀錄

時間：三十七年二月二日正午

地點：本公司會議室

出席：吳總工程師 張進人 張愘之 劉伊凡 秦世雄 鄭德鉅 孫新傳
陳景嶽 韋疇叙 劉靜之 劉佩雄 廖世浩 張丞書 易宗樸
歐陽鑑 黃大庸 董辛甫

主席：吳總工程師

紀錄：張君鼒

會報事項

一、楊科長報告（甲）二廠付出煤款三十六億七千餘萬欠付煤款四十一億六千餘萬二月份薪工津貼可於本月四日起開始發放（乙）福利委員代表請為轉達兩事（A）已扣未繳所得稅應退還職工（B）當月發薪餉照八折接受次月補發照市息加算案

決議：上次會報決議處理所得稅辦法係顧及計算上困難究應如何處理由福利委員會主任及福利社總幹事分別向會徵詢意見再辦

二、三廠修理打水船案

決議：先由總務科詢價會同機務科決定

三、一〇〇户以内同一户名只能装用一只电表如容量不够改用大表案

决议 照办

四、整理营业章程案

决议 本星期六上午由业务科三办事处商讨

五、三十六年度年结已结出全年亏损四十亿左右物件材料盘存由总务科速办案

决议 无异议

六、用户支票退票由会计科办理案

决议 通过 办理退票人员之调配由业会两科会同总工程师解决

主席 吴锡瀛

37 收文電字第 [illegible] 號

重慶電力公司業務會報紀錄

時間：三十七年二月十七日上午

地點：本公司會議室

出席 吳總工程師 張容之 楊新民 鄢德錩 劉希孟 喻伊九
劉佩雄 劉靜之 孫新傳 燾丕雄 廖學浩 陳景嵐
張永書 歐陽鑑 易宗璞 張進人

主席 吳總工程師

紀錄 張君鼎

會報事項

一、楊科長新民報告(甲)寶源欠交一月份煤觔一千餘噸已照交足照一月份煤價結算(乙)二月份薪工較一月份增加百分之十五計為六十億(丙)二月半到期應付煤款三十餘億二月下月煤款總計五十餘億

以上報告無異議

二、今後公司用煤以天府寶源遂川竟成電一五廠之煤為準 [illegible]

52

決議私人售煤絕對拒絕

三、職工借支房租押金自即日起停止案

決議照辦

四、月份開支尚需二百二十億而收入僅有七十億至百億不敷之數達三分之二如何應付月底比期案

決議煤款第一新工第二由主管部份斟酌收支情形辦理

五、報繳印花稅案

決議經理室已通知五日一繳業務科表報自二月一日起逐期分送會計科秘書室

主席 吳錫瀛

48

重慶電力公司業務會報紀錄

時間：三十七年二月二十四日正午

地點：本公司會議室

出席　吳德工程師　楊新民　鄭德鉅　劉希益　董辛甫　易宗樸

劉伊凡　陳景崇　章曉叔　廖世浩　秦西雄　張進人

歐陽鑑　黃大膚　劉佩雄　張永書

主席　吳德工程師

紀錄　張君鼎

會報事項

一、本月份上半月工資二十三億職員止薪部份約計十二億七千萬並應裁減惟收費困難逐日支付煤力及零星費用在一億以上本比應付煤款約達一百億本比應如何籌劃案

決議：本比收入悉數付給煤款自三月二日起全部電費收入陸續發給薪工依照慣例先發職員半月薪津廣帛發二上半期工資

二、本公司發電半數被瓷郊區供電儘量減少城區申請裝表者儘量供應案

決議：照辦並發表新聞

三、調整各宿舍所扣房貼案

決議：住一間者扣房貼百分之三十住二間者扣百分之六十住三間者扣百分之百至多不得

住三间以上数人合住一间者照比调拨派和平路民国路宿舍房贴照本案办理；

四、派在各部门以役应受各该主管指挥服务案

决议：照办。

五、大溪沟厂房电话生一人不甚礼貌，外界人士数次投诉，应即惩罚案

决议：照办

六、选借临取电表之赋又戳用户自备电表办法应予取消案

决议：先发新闻，有关部门详细研究后再办

七、接电及焊线材料补助费酌量提高案

决议：照办

八、电费以外之收入由业科以三办厂送存当地银行以送金簿抵解现金案

决议：业科及三办事处研讨后再办

九、照最近公布之第二类所得税和税规定一月份照原办法多扣所得税之全部交福利社作为奖学金案

决议：照办

主席　吴锡瀛

〔印章〕

68

37 發文電字第 291 號

重慶電力公司業務會報紀錄

時間：三十七年三月九日上午

地點：本公司會議室

出席：吳總工程師　張進人　楊新民　劉希益　鄭德鉅　張容之
廖世浩　陳景巖　章畴叙　易宗樸　劉伊凡　秦亞雄
孫新傳　劉律雄

主席：吳總工程師

紀錄：張君鼎

會報事項

一、楊科長報告：二月份上半月薪工本日發清，下半月薪津一十億，工資二十三億，又本比煤款九十八億，至少應付六十億，如何劃籌案

決議：本比儘先付給煤款，自十六日起電費收入發放薪工，各大工廠電費由業務科及各辦事處洽請付給，以渡難關

二、修理三廠打水船案

決議：由楊科長、易科長、劉主任希益、孫主任會同於本日下午與船廠商洽

三、南岸辦事處請修理木船案

決議：與前案同時商決

四、大佛段竊電案

決議：商請各工廠安裝專用變壓器，以資白天停電，上半夜供給電灯

五、改定自來水公司股票辦法案

決議：商自來水公司並呈工務局

六、張任長報告開電檢查組工作進況

七、爲科長報告福利委員會決議已扣未繳所得稅應退還員工案

決議：退還

主席　吴錫瀛

61

重慶電力公司業務會報紀錄

時間 三十七年三月十六日正午

地點 本公司會議室

出席 吳總工程師 劉靜之 易宗樸 廖世浩 歐陽鑑 秦西雄 劉佩雄
陳景嵐 張永書 鄭德鉅 劉希孟 張容之 章時敘 張進人
楊炳濤 劉伊凡 孫新傳

主席 吳總工程師

紀錄 張君鼎

會報事項

一、簡化用戶裝表手續案

決議 修訂營業章程時予以放寬檢驗合格而未繳費者改照現價繳費已經繳費而未裝表者查明情形予以解決內部辦事手續力求迅速

二、請求政府配撥電機案

決議 具呈市府轉請中央速撥

主席 吳錫瀛 （印）

73

37 發文電字第 450 號

重慶電力公司業務會報紀錄

時間：三十七年四月十三日下午

地點：本公司會議室

出席 程總經理 吳總工程師 易宗樸 歐陽鏘 鄭德鉅 劉希孟
張睿之 劉佩雄 孫新傳 張承吉 張進人 陳景嵐
章暢叙 廖世港 蔡亞雄 劉伊凡 楊新民 楊竹濤

主席 程總經理

紀錄 張君鼎

會報事項

一、新表到後由業務科會同用電檢查組為竊電户立即安裝電表案

決議：由總工程師召集有關部份商定辦法

二、霓虹燈螢光燈收費辦法案

決議由郭工程師氏承草擬

三、本月比應付煤款壹百六十一億五千萬內計天府壹百一十一億寶源三十一億巡川壹十九億五千萬如何應付案

決議視明日收費情形再行決定

四、南岸辦事處請派員查驗房屋漏雨情況及雇工修理案

決議由總務科辦理

五、燒壞電表由業務科派外勤一人會同電務科清查案

決議無異議

六、原撥發各部門備用金不敷應用請予增撥案

決議由各部門斟酌實際需要請由經理室撥增

工程師 程本臧

37發文電字第635號

77

重慶電力公司業務會報紀錄

時間：三十七年四月廿七日正午

地點：本公司會議廳

出席 程總經理　吳總工程師　張容之　楊新民　易宗樸　黃大庸　劉布益

劉佩雄　楊仿濤　劉伊九　鄭德鉅　孫新傳　張永書　秦世雄

陳景嵐　韋時敘　張進人　歐陽鑑

主席 程總經理

紀錄 張君鼎

會報事項

一、張組長容之報告查獲兩面用電數起，請有關各部门將點許各户通知用電檢查組參考

二、楊科長新民報告（甲）四月份薪津已發一半，工津可於廿九日開始發給一半；（乙）四月份煤款需二百四十一億；（丙）請工務局退還所借吉普車一輛

三、劉科長伊九報告公司收支情形，希望月底前收取自來水及水泥公司電費濟用

四、渝西自來水公司欠付補助費、燒表賠費等應如何辦理案

決議：請查欠費確數，派員催收，月底前不付立即剪火

五、集團勘請竊電户裝表辦法已經商定，俟各部派員決定即行出動案

決議：照辦

六、霓光灯或霓虹灯收費辦法

決議：自五月份起收費，五月五日前清查完竣

主席 程本臧

84

重慶電力公司業務會報紀錄

時間：三十七年五月四日正午

地點：本公司會議室

出席 程總經理 吳總工程師 杜岷英 楊修濤 黃大庸 張進人

劉希孟 楊新民 易宗樸 劉伊凡 鄭德鉅 張容之

劉佩雄 孫龍傳 秦西雄 章晴叙 廖世浩 張永書

歐陽鑑 陳景嵐

主席 程總經理

紀錄 張君鼎

會報事項

一、新表裝出辦法已由業電兩科會商決定簽請經理核准即行辦理案

決議：照辦

37 發文電字第591號

84-1

二、由總務科購置螢光灯兩隻裝在公司以為示範案

決議 照辦

三、螢光灯計算電費辦法案

決議 抄見度數加上螢光灯度數再行分級并將螢光灯計度各辦法由經理室通知各有關部门

四、天府實際以四月份欠費煤款日來煤運欠暢應如何辦理案

決議 本準付清四月份煤款仍請源源供應本公司為大量用戶商請各礦商予以折扣優待

五、劉科長伊凡報告四月份下半月薪工本星期起可開始陸續發放

主席 [illegible]

90

37 發文電字第 701 號

重慶電力公司業務會報紀錄

時間：三十七年五月十八日正午

地點：本公司會議室

出席 吳總工程師 張進人 楊新民 劉希孟 歐陽鑑 張永書 鄭德銘
秦西雄 章疇敘 劉靜之 黃大庸 廖世浩 易宗樸 陳景嵐
劉伊凡 楊信濤 張容之

主席 吳總工程師

紀錄 張君鼎

會報事項

一、預收電費案

決議：已繳票之未收預收電費與繳由各主管部門列表由稽核室派員查核報請經理核辦

二、楊科長新民報告（甲）四月份煤款已付清，天府尚多付，煤商表示滿意；（乙）大生木廠案已會同杜律師與木商面商解決

三、用電調查表請於本星期內交秘書室案

決議無異議

四、第三厂员工请求派员临时巡兵工厂医务室接洽三厂员工诊病案
决议：由本厂福利委员会统筹，托三厂人员先与兵工厂洽商
五、本厂福利事务请求与湘雅医院洽商员工医药办法案
决议：由职工福利委员会统筹，由该处先洽
六、资源公司精选煤不合精选标准，应照普通煤价计算案
决议照办
七、调整用电保证金案
决议：用电保证金以底度之计算，根据按月照电价调整，电力底度以装置马达每马力二十五度计算，电灯底度照表加倍计算
八、刘科长伊凡报告：（甲）四开西厨规定，往来账目九以下四舍五入计算，由经理室通知各部门以后做帐照此办理（乙）二十日起陆续发给五月份半个月薪工
九、张组长报告最近取缔窃电情形，并请由各部门比照职工数目调派十分之一人员参加取缔工作，暂以三月为度（当班员工不调派）案
决议照办，公司员工不得为窃电人家讲话，由经理室通知各部门

主席：吴锡瀛

寫